독자님들의 시드가 나날이
복사되길 바랍니다
돈복남

성공하는
코인투자

돈을 복사하는 남자의

성공하는 코인투자

돈복남 지음

베가북스
VegaBooks

안녕하세요. 돈을 복사하는 남자, 돈복남입니다.

저는 비트코인을 비롯한 암호화폐에 투자하고 있고, 많은 경험 끝에 이룬 성공을 바탕으로 건강하고 튼튼한 크립토(가상자산) 생태계를 일구려 하는 개척자입니다.

이러한 생태계를 구축하려면, 무엇보다 투자자 개개인이 시장에 뿌리를 단단히 내려야 합니다. 또 그렇게 하기 위해선 온갖 유혹에 넘어가지 않는 원칙, 그리고 많은 지표와 신호들을 근거로 투자하는 냉철함이 우선 준비되어야 하는데요.

제가 유튜브와 커뮤니티를 통해 이러한 원칙과 공부의 중요성을 수없이 강조해 드렸지만, 그런 것엔 관심이 없고 오히려 저만의 투자 비결이 뭐냐고 묻거나 코인 투자해서 돈 좀 벌자는데 무슨 공부를 하라고 다그치냐고 밑도 끝도 없이 비난하는 분들이 아직도 많습니다.

그래서 드러내기 민망하지만 제 과거 이야기를 들려드리고 어떤 원칙을 지켜야 하는지, 무엇을 공부해야 하는지 짚어보려 합니다.

저도 막연히 끌리는 대로 투자할 코인을 고르고, 그야말로 돈을 던지던 때가 있었습니다. 그때는 비트코인에 '몰빵'을 하고 있었고 여유자금이 2천만 원 정도 있었습니다. 지금도 그렇지만 비교적 잔잔한 비트코인에 비해 상승세가 가파른 코인이 가끔씩 눈에 띄죠.

'뭐야 이거!? 나도 바보처럼 가만 있지 말고 쭉쭉 올라가는 데에 타 봐야겠다!' 그런데 그날 곧바로 50%가 빠지더군요. 참고로 '잡코'도 아니었습니다. 바로 스텔라루멘이라는 코인이었어요.

정말이지 끔찍한 경험이었습니다. 그런데 여러분, 그런 일을 겪은 후 제가 어떻게 했을까요?

떨어진 만큼 다시 오른 걸 보고 비트코인에 투자한 시드까지 끌어와서 매수를 더 해버렸습니다. 그리고 바로 더 크게 떨어졌고요. 이틀 만에 눈앞에서 시드 머니의 거의 전부가 녹아내린 것입니다.

지금 생각하면 나락에 떨어지지 않은 게 다행일 만큼 아찔합니다. 아침 6시면 일어나던 제가 처음으로 의욕을 잃어 늦잠을 자고 새벽 4시까지 술을 마셨습니다. 나흘 동안이요. 그러다 4일째 이런 생각이 들었습니다.

'아니 근데 내가 뭘 잃었는데? 가족을 잃었냐, 절친들이 다 떠났

냐, 팔다리를 못 쓰게 됐냐? 잃었으면 다시 벌어야지!'

그래서 다시 일어났어요. 정신 차리고 마음을 다잡았습니다. '인정하자, 나는 아직 많이 부족하다. 공부를 해야겠다' 라고요.

그때부터 정말로 열심히 공부했습니다. 더 이상 '감'으로 투자하지 않았고, 이리저리 옮겨다니지 않았어요. 결국, 저점을 잘 잡아서 다가온 상승장 때 시드를 4배 이상 키웠습니다. 잃었던 원금에 비하면 10배를 불렸습니다.

저는 오히려 이때의 기억과 경험이 행운이라고 생각합니다. 너무나 감사하고 기쁘게 생각합니다. 그 일이 아니었다면 지금의 제가 없었을 것입니다.

그래서 저는 오늘도 투자 원칙을 반드시 지키고 있고, 시시각각 움직이는 시황을 놓치지 않기 위해 매일 공부합니다. 비트코인 8천만 원의 환희를 그리워하며 1~2월을 버티는 분들 많으시죠? 이제야 시장에 들어왔는데 괜찮은 건지 무서운 분들도 많을 것 같은데요. 분명히 기회는 옵니다. 제가 그 증거입니다. 코인이 떨어지기만 한다면 다시 일어날 수 없었겠죠. 이 책을 읽는 여러분도 저처럼 성공할 수 있습니다. 저의 모든 경험과 지식을 수록한 이 책은 여러분에게 코인 투자 성공의 확실한 지침서가 될 것입니다.

_'돈을 복사하는 남자' 돈복남

Contents

힘든 시장에
들어온
코린이에게

"당신의 성공과 실패는 세상의 걱정을
무시할 수 있느냐에 달려 있다"

- 피터 린치

01 '돈복남'을 소개합니다!

◉ 일반적인 코인 유튜버와 '돈복남'의 차이

'돈복남'은 '돈을 복사하는 남자'라는 뜻입니다. '돈을 복사한다.' 듣기만 해도 기분이 좋지 않나요? 돈을 복사하기 위해서는 어떻게 해야 할까요? 당연히 공부해야 합니다. 공부하지 않는 투자는 아무런 안전장치 없이 위험한 절벽을 오르는 것과 같습니다.

대다수의 코인 유튜버는 차트 분석에 집중합니다. 물론 차트 분석 위주의 투자가 나쁘다고 이야기하는 것은 아닙니다. 하지만 투자가 처음인 분들, 혹은 주식 투자 경험은 있지만 코인 투자는 처음인 분들의 입장에서 볼 때, 차트 분석만으로 코인 시장에 접근하는 것은 위험할 수 있습니다.

크립토 시장에 대한 전반적 이해 없이 자신이 가진 코인 가격의 단기적 등락에만 집착하다 보면, 자칫 큰 그림을 놓치는 결과로 이어질 수 있기 때문입니다.

시청자 분들이 말하는 돈복남TV의 매력은 스토리텔링입니다. 저는 구독자 분들이 영상을 정주행하는 과정에서 자연스럽게 시장을 이해함으로써 스스로 물고기를 잡을 수 있도록 도와줄 수 있는 콘텐트를 공들여 만들고 있습니다.

영상을 하나씩 보노라면 내가 투자하는 코인의 CEO가 누구인지, 어떤 기관이 거기에 투자하고 있는지, 로드맵이 어떻게 되는지 등 코인 프로젝트를 입체적으로 이해할 수 있고요. 그 외에도 온체인 데이터를 활용한 분석과 같이 크립토 시장에만 존재하는 접근법을 배울 수 있습니다.

이런 지식을 늘려가는 과정에서 구독자 여러분은 코인 투자자로서 자신만의 투자 철학을 정립할 수 있습니다. 상승과 하락에 일희일비하지 않고 자신의 트레이딩 원칙을 지킬 수 있는 올바른 투자자로 성장할 수 있습니다.

코인 투자자 중 상당히 많은 분들이 현업과 현생에 집중 못 하고 코인에만 신경을 쓰면서 시간을 뺏깁니다. 그런 상황 속에서는 결국 투자도 인생도 둘 다 실패할 확률이 높습니다. 많은 사람이 제대로 된 지식과 원칙 없이 투자를 이어가는 가운데, 집중해야 할 것에 집중하지 못합니다. 이런 조건 속에서는 투자를 안 하는 것만 못한 결과가 생기기 쉽습니다.

투자 시장은 결국 사람이 만들어갑니다. 코인 투자를 투기가 아닌 투자로 여기고 접근하는 사람들이 많아질수록, 크립토 시장도 점점 더 성숙해질 것입니다. 그런 점에서 '돈복남'을 통해 모인 사람들은 크립토 시장에 대한 인식을 전환하고자 하고 있습니다. 서로 공부한 내용을 네이버 카페 '비투모'에 게시하며 피드백을 주고받는 과정에서 함께 성장합니다. 서로의 공부를 도와주고 거시적 관점을 토론하는 가운데, 함께 성장하는 선순환 구조가 형성됩니다.

저는 사실 코인 유튜버이기 이전에 해외법인, 의류 브랜드, 바이럴 마케팅, 스터디 카페 등 다양한 플랫폼 사업을 운영 또는 계획 중인 법인의 대표입니다. 사업가로서 제가 바라보는 크립토 시장은 단순히 트레이딩으로만 돈 버는 시장이 아닙니다. 그래서 회사 내에 크립토 분석팀을 만들었습니다. 매일 직원들과 크립토 분야 생태계에 대해 연구하고, 수천 개의 코인을 분석합니다. 그리고 그런 분석을 바탕으로 일반 투자자들에게 도움이 될 수 있는 정보를 전달하고 있습니다.

크립토 시장에서 자산을 불릴 수단은 코인 투자 외에도 많습니다. 디파이를 통해 기존 금융 시스템에서는 불가능한 수준의 이자 농사도 가능하고, NFT, P2E, 메타버스와 같은 디지털 인프라스트럭처를 통해서 부를 늘려가는 것도 가능합니다. 크립토 시장은 인류 역사에 일찍이 없었던 기회의 땅이고, 탈중앙성을 지향하는 이 시장에서의 기회는 기존의 부자에게만 열려 있지도 않습니다.

하지만 그런 기회를 살리기 위해서는 누구보다 빠르게 정보를 습득하고 분별할 힘이 필요합니다. 일반 투자자들이 그런 힘을 기를 수 있도록 돕는 플랫폼을 구축하는 것이 저의 목표 중 하나입니다. 왜냐하면 이제 우리는 투자가 선택이 아니라 필수인 시대에 이르렀기 때문입니다.

블록체인으로 인해 돈과 자산의 혁명이 일어나고 있습니다. 그리고 그것을 눈치챈 많은 기업이 발 빠르게 움직이고 있습니다. 미국의 대형 투자은행들이 크립토 전담 분석팀을 만들었고, 이름만 들으면 누구나 알 수 있는 대기업들이 메타버스와 NFT 생태계에 발을 들이고 있습니다.

이렇게 역사적 대변혁이 일어나는 한가운데에서, 그런 변화의 중요성과 그에 따른 대응법을 여러분들께 전해드리고 싶습니다. 현재 크립토 생태계가 그러하듯, 돈복남 플랫폼도 이제 막 첫발을 내

디뎠을 뿐입니다. 이 힘차고 밝은 미래로 가는 길을 선택한 돈패밀리 여러분, 그리고 이 책을 읽는 독자 여러분과 함께하려 합니다.

ⓑ 돈복남TV를 운영하며 느끼는 보람

채널을 운영하기 시작한 이후로 많은 분과 함께 해왔고, 그 과정에서 셀 수 없이 많은 사연을 봤습니다. 개인적인 내용의 이메일을 보내주시는 경우도 많고요. 긴 내용은 비투모 공식 카페에 올라오기도 합니다.

'돈을 많이 벌었다.'
'차를 샀다.'
'집을 샀다.'

이렇게 수익을 많이 실현한 분들의 사연을 받을 때도 물론 기쁘지만, 제가 가장 보람을 느끼는 사연은 따로 있습니다. 그중 특별히 기억에 남는 사연 한 가지를 소개해드리겠습니다.

> 처음 코인이라는 걸 들었던 건 2017년도입니다. 그때 저는 주식 투자를 하고 있었고 친구의 부탁으로 차트를 분석해주었습니다. 그때 제가 코인에 투자하지 않았던 이유는 코인에 대해 막연한 회의와 의심을 품고 있었기 때문입니다.
> 그렇게 시간이 흘러 2020년 1월, 지인의 추천으로 처음 코인을 매

수하게 되었습니다. 그때가 시작이었습니다. 매일 아침 눈뜨면 전부 올라있었습니다. 어떤 코인이든 괜찮았습니다. 투자했다가 물리더라도 조금만 기다리면 다시 수익을 보았습니다. 그런 방식으로 계속 매매를 하던 중 결국 한 번의 실수로 상당량의 시드가 삭제되었습니다.

그러다가 우연히 돈복남의 유튜브 채널을 보게 되었습니다. 그리고 얼마 지나지 않아 그는 여느 유튜버들과는 다르다고 생각하게 되었죠. 당시 대다수의 코인 유튜버들은 코인의 펀더멘털에 대해서는 거의 이야기하지 않았고, 오로지 차트 분석에만 신경 쓰고 있었습니다. 하지만 돈복남 유튜브 채널은 펀더멘털의 중요성, 그리고 크립토 시장의 방향성에 대해 많은 이야기를 했습니다.

그때부터 크립토 시장에 관해 공부하기 시작했습니다. 그리고 저는 돈복남을 저의 멘토로 삼기로 마음먹었습니다. 하다가 힘들면 그만두면 된다는 가벼운 마음으로 했습니다. 사실 처음 공부하면서는 부족한 점을 많이 느꼈습니다. 그래서 돈복남의 일과를 따라 해보기로 했습니다.

그런데 그 이후로 삶의 질이 바뀌었습니다. 과거의 저는 그냥 흘러가는 대로 살았습니다. 꿈은 있었지만 꿈을 위해 노력하지 않았고, 돈을 많이 벌고 싶어서 투자했지만, 노력 없이 일확천금을 노렸습니다. 그런데 돈복남의 일과를 저의 생활패턴에 적용한 이후로는, 하루에 30분이라도 책을 읽으려고 노력했고, 자투리 시간도 최대한 활용하기 시작했습니다.

그리고 최근에는 명상도 시작했습니다. 그러자 불만 가득하고 무기력했던 저의 생활에 활력이 생겼습니다. 살아가야 하는 이유를 찾은

느낌이었습니다. 현업으로 지치고 힘들어도 목표한 바를 이루어 가는 과정이라고 생각하니 너무 행복합니다.

저는 굉장히 이기적인 사람이었습니다. 무조건 나만 잘되어야 하고 더불어 살아가는 것에 부정적이었습니다. 하지만 도움을 받고 도움을 주는 멘토링 과정에서 함께 성장해 나가는 것이 얼마나 중요한지를 배웠습니다. 매월 책 5권 읽기 프로젝트를 통해서는 다양한 생각을 받아들이고 인사이트를 넓혀가는 것의 가치를 깨닫게 되었습니다.

누군가가 나의 성장 과정을 지켜 봐준다는 것. 그 자체만으로 응원이 되고 앞으로 계속해서 성장해 나갈 수 있는 원동력이 되었습니다. 언젠가 나도 돈복남처럼 영향력이 있는 사람이 된다면, 누군가의 멘토가 되어 도움을 주고 싶습니다.

이런 글을 읽을 때마다 저는 더 열심히 살아야겠다고 다짐하고, 또 그렇게 살아가고 있습니다. 제가 법인을 만든 지 3년 정도 되었는데요. 단 하루도 사무실에 안 나온 적이 없습니다. 평균적으로 퇴근은 밤 11시쯤 하는데, 요새는 일이 많이 늘어서 사무실에서 잠을 청하기도 합니다. 그리고 보통 새벽 5시에는 기상합니다. 주말과 공휴일에도 당연히 출근해서 일합니다. 이유는 간단합니다. 성공하고 싶고, 그래야 성공할 수 있기 때문입니다.

투자도 마찬가지입니다. 여러분, 투자로 성공하고 싶으십니까?

그렇다면 그만큼 더 노력하고 희생해야 합니다.

그 과정에서 헤매고 지치지 않도록 제가 방향을 인도하고 도와
드리겠습니다. 저를 믿고 따라와주세요.

02

멘털, 챙기셨나요?

⑧ 투기가 아니라 엄연한 투자입니다

제가 항상 절실하게 느끼는 점이 하나 있습니다. 바로 빨리 버는 돈은 그만큼 빨리 사라진다는 사실입니다. 이거, 중요한 부분인데 요. 빨리 돈을 벌면 수익의 달콤함에 흠뻑 취해서 위험 자산을 좇게 됩니다. 그러다 자산 가치가 조금만 떨어져도 마음이 급해지면서 허둥지둥하게 되고, 아까운 돈은 물 먹은 솜사탕처럼 사라지고 맙니다.

요행만을 추구하면 안 된다는 말씀입니다. 내실 없는 투자 활동 은 투기에 더 가깝다고 볼 수 있습니다. 따라서 제대로 된 투자를 하 기 위해서는 기초부터 제대로 알고 도전해야 합니다. 아는 것도 중 요하며 그에 걸맞은 마음가짐 또한 매우 중요합니다. 마인드 세팅

없이 방송이나 리딩방에 의존하고 수동적으로 따라가는 투자는 실패하기 딱 좋은 짓이라고 생각합니다.

전쟁에 뛰어든 병사가 무기와 전략·전술을 갖추고 전투에 임하느냐 그렇지 않냐의 차이는 매우 큽니다.

⑤ 보통 인내심 이상의 멘털을 갖추어야

특히, 개미 투자자라면 늘 유혹에 흔들릴 수 있고 한순간의 잘못된 판단으로 인생의 막다른 길에 갇히기도 합니다. 투자자들이 농담 반 진담 반으로 흔히 '한강'을 많이 언급하죠? 하룻밤 사이의 급락으로 뒤통수를 한 대 얻어맞으면 한 순간이나마 '한강물에 뛰어들고 싶은' 충동을 격하게 느끼곤 합니다. 그러니 늘 주의하고 준비하고 공부해야 한다고 말씀드리고 싶네요. 무엇보다 건강에 관련된 치료 비용이나 기본적인 생활비까지 탈탈 털어서 담보로 가져다 쓰는 무모한 행동은 절대로 안 됩니다. '멘털'만큼은 항상 잘 챙기셔야 합니다.

특히, 코인 시장은 24시간 쉬지 않고 돌아가죠. 자고 일어나면 바뀌어 있고, 오전 근무를 마치면 바뀌어 있고, 오후 근무를 마치면 또 상황은 바뀌어 있습니다. 직장인이나 자영업자라면 본업에 집중하면서도 일상과 투자활동 사이의 균형을 맞출 수 있어야 합니다. 물론 인생은 마라톤이니까 건강도 확실히 챙겨야 하고요.

누구나 마음을 단단히 먹었다고 말은 하면서도, 실제로는 그렇지 못하죠. 불시에 닥친 상황에서 판단이 흐려지며 투자를 도박처럼 했다가 후회하는 분들, 정말로 많이 봤습니다. 그로 인해 본업에도 지장을 받게 되어 많이 힘들어하고요.

'코린이'가 앞으로 안정적인 '코이너'로 성장하는 데 필요한 최소한의 '멘털'을 갖출 수 있도록 이 책에 도움이 되는 내용을 수록했으니 확실한 자양분이 되었으면 합니다.

03 불나방처럼 달려들지 마세요

아직은 코인 투자에 미숙한 '코린이'일수록 코인 투자 초보자들이 어떠한 패턴으로 돈을 잃는지를 미리 파악한다면 타산지석으로 활용할 수 있습니다.

원칙이 깨지면 수익도 깨집니다

비트코인(Bitcoin) 가격이 7천만 원을 향해 상승하는 한창 뜨거울 때였습니다. 제가 말씀드릴 이 분도 그때 시장에 들어왔다가 값비싼 대가를 치렀습니다. "오, 이거 바로 내 얘기잖아!" 하면서 공감할 코린이들이 많을 것 같습니다.

이 분은 평범한 직장인입니다. 친구의 권유로 '비트토렌트(BitTorrent)'를 2.2원에 매수한 것이 투자의 시작이었죠. '불장'인 시장 상황 덕분에 이 분은 자고 일어나면 30%씩, 헬스장에서 운동 끝나고 나오면 15% 등으로 수익을 봤고 약 천만 원의 시드를 복사했습니다.

시장에 들어와서 수익도 내고 여기까지는 좋았습니다. 그런데 뜻밖에 수익이 크면 원칙이 무너지기 시작해요. 바로 여기서부터 실수를 연발하는 코린이들이 아주 많습니다. 100만 원을 투자했는데 상승장이라 10~20% 수익을 보면서부터 조금씩 현실과 동떨어진 엉뚱한 욕심을 품게 되는 거지요.

'100만 원 투자했더니 하루에 10만 원씩 들어오네. 물 들어올 때 '영끌' 좀 해볼까?' '아니 누워 있으면 돈 들어오는데 굳이 회사에 출근해야 되냐?'

이 분도 마찬가지였습니다. '주식 7:코인 3'이라는 원칙이 무너지면서 '주식2:코인8'로 둔갑하고, 추가 투자금 2천만 원을 마이너스 통장으로 충당하고 말았습니다.

얼마 후 코인 시장이 하락장으로 전환됐고 이 분의 시드는 삭제되기 시작했죠. 그 이후는…. 더 얘기하지 않아도 될 것 같습니다. 지금은 아픔을 이겨내고 직장생활을 하고 있지만, 굳이 겪지 않아도 될 손해를 본 것입니다.

ⓑ 순간의 조급함이 불러오는 비극

다음 역시 좀 안타까운 이야긴데요. 이 분도 순간의 조급함이 화를 부른 경우입니다. 아들 치료비를 코인 투자로 날려버렸거든요.

투자하면 바로 수익으로 이어지는 '불장'이 눈앞에 펼쳐지면 저도 마음이 들뜹니다. 감정이 무서운 거예요.

그래서 이 분은 1,000만 원을 1,700만 원까지 불렸다가 금방 '불장'이 끝나면서 '매몰비용의 오류'에 빠지고 말았습니다. 털고 물러날 때도 있어야 하는데 본전을 찾아야 해서, 심지어 그 본전이 자식 병원비였기 때문에, 무리하다 마이너스 잔고라는 비극으로 이어졌습니다. 지금도 제 기억에 남아 있는 가슴 짠하고 안타까운 사례입니다.

저는 이 책을 읽는 여러분이 이런 아픔 없이 오래오래 투자를 했으면 좋겠습니다. 성공적인 투자를 위해 알려드리는 주의사항과 원칙들을 잘 기억하시기 바랍니다.

04 세력에 휘둘리지 않으려면?

₿ '세력'을 만만하게 보면 안 돼요

코린이 중에는 '작전 세력'을 잘 모르는 분이 많습니다. 혹은 있다는 것은 알아도 확실하게 체감하지 못하는 분들도 많죠. 그럼 다음의 이야기로 세력과 개미와의 관계를 알아볼까요?

어떤 교수가 아마존 원주민 마을에 놀러 갔습니다. 원주민들이 헤엄치면서 자라를 잡고 있었습니다. 그래서 교수가 자라 한 마리가 얼마냐고 물으면서 '10만 원에 살 테니 다 잡아 달라'고 합니다. 그렇게 교수는 자라 500마리를 샀어요.

다음날 교수는 자라의 가격을 한 마리당 20만 원으로 올립니다. 마을 사람들 입장에서는 20만 원이면 2배가 오른 거잖아요. 그래서 하던 일도 멈추고 자라를 잡으러 갑니다. 그래서 또 500마리가 잡혔죠. 그다음 날엔 교수가 자라 한 마리당 40만 원을 주겠다고 해요. 그래서 남녀노소 할 것 없이 마을 사람들이 모두 생업을 팽개치고 1,000마리를 잡아 옵니다.

이제 다른 마을까지 소문이 나기 시작해요. '미리 자라 잡아 놓아라. 어떤 교수가 와서 자라를 사들인다.' 그래서 자라 가격이 마리당 100만 원까지 올라요. 옆 마을 사람들까지 몰려왔어요. 그런데 점점 자라 물량이 씨가 말라요. 어쨌든 1,000마리가 잡혔어요.

그런데 다음날 교수가 300만 원을 불러요. 마리당 10만 원이었던 자라를 300만 원에 산대요. 무려 30배죠. 그런데 물량이 없어서 300마리밖에 안 잡혔어요. 물량이 없는 건 씨가 말라서이기도 하지만, 잡고 쟁여 놓는 사람들도 있어서죠.

이제 교수가 1,000만 원을 제시해도 자라는 없고, 그사이에 교수는 잠깐 출장을 간다면서 자리를 비웁니다. 그동안 교수가 부지런히 사 모은 자라는 양식장에 보관되어 있죠. 이때 교수의 조교가 제안을 합니다.

"여러분, 이 자라를 한 마리당 700만 원에 팔게요. 어차피 교수가 1,000만 원에 산다고 하잖아요. 여러분은 가만히 앉아서 300만 원의 차익을 보시는 거예요."

잠깐…! 이쯤에서 한 번쯤은 의심해야 하지 않을까요? 하지만 여기까지 온 원주민들은 다들 수익을 볼 생각에 미친 상태죠. 이렇게 쉽게 돈 버는 방법이 있는데 왜 나는 그 동안 힘들게 작살, 활 따위나 만들고 살았나! 그러니까 옆 마을 사람한테 돈 빌리고 집도 담보로 맡기고 700만 원에 자라를 삽니다.

여러분 과연 누가 자라 한 마리에 700만 원을 주고 살까요?

그렇습니다. 세력은 교수, 원주민은 바로 우리 개미입니다. 개미들은 자라가 700만 원 되듯 코인이 '떡상'하는 상황을 언제든지 마주칠 수 있습니다. 그 상황에서 개미들은 어떠한 판단을 내려야 할까요? 과연 현명한 결론을 내릴 수 있을까요?

이 이야기를 방송에서 했더니 어떤 분이 그러셨어요. 그렇다면 우리가 교수가 되자고요. 하지만 아쉽게도 우리는 교수가 될 수 없습니다. 아무나 몇백억 원의 자산가가 될 수는 없으니까요.

그러니 우리는 세력을 이기려고 할 게 아니라 잘 이용해야 합니다. 앞으로 다가오는 상승장에서 휘둘리거나 넘어가지 말아야 해요. 세력이 '옜다' 하고 던지는 물량을 비싸게 받아먹지 말아야 합니다. 그런데 과연 그것이 쉬울까요? 세력들은 우리가 생각하는 것 이상으로 사람의 심리를 교묘하게 이용합니다.

₿ 세력이 코린이를 '낚는' 패턴

한 투자자가 있습니다. 어떤 주식을 1백만 원에 사서 2백만 원까지 올랐을 때 팔았어요. 투자금을 무려 두 배로 불리게 된 이 투자자, 갑자기 '영끌'을 합니다.

'내가 이날 이때까지 뼈 빠지게 일하고 월급이라곤 고작 2백만 원인데, 이건 며칠 만에 이익이 1백만 원씩 생기네?' 그래서 2천만 원을 넣어요. 그랬더니 이게 웬일, 오히려 주식 가격이 떨어집니다. 결국은 그 엄청난 금액의 절반도 못 건진 채 손절을 하고 말죠.

이 투자자가 누구냐고요? 바로 영국의 그 유명한 과학자 아이작 뉴턴(Isaac Newton)입니다. 충격이 몹시 컸는지 그는 이런 말을 남겼는데요. "천체의 움직임은 계산할 수 있지만, 인간의 광기는 계산할 도리가 없구나!(I can calculate the motion of heavenly bodies, but not the madness of people.)"

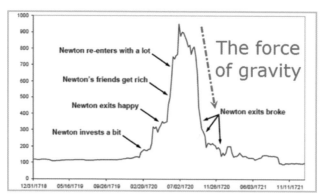

▲ 아이작 뉴턴이 겪은 악몽 : 뉴턴이 투자한 South Sea 주식의 가격 추이
(1718년 12월~1721년 12월)

한 가지 경우를 더 볼까요?

A라는 코인이 매입한 가격의 두 배까지 올라갑니다. 그러더니 거기서 다시 50% 더 올라요. 그러면 보통 개미들이 시드를 더 올리거나 심지어 빚까지 얻어서 모두 그 코인에다 집어넣습니다. 매입 가격의 두 배, 세 배까지 오르기를 바라면서요. 그런데 정말 기적 같이 세 배까지 올라도 막상 팔지 못 합니다. 왜일까요? 좀 더! 좀 더 갈 것 같은데! 하지만 과연 뜻대로 될까요? 오히려 가격은 80~90%씩 빠지는 경우가 더 많습니다.

여기서 우리가 알아야 할 점은 이 모든 과정이 '세력의 낚시'라는 것입니다. 한번 생각해보세요, 낚시할 때 작은 물고기(치어)가 걸리면 그냥 놓아줄 텐데, 그때 뭐라고 말하겠습니까? "야! 보내줄 테니, 가서 부모님 모셔와." 참 잔인한 말이죠. 그것과 비슷합니다. 세력이 일단 작은 돈을 벌게 해주면서 더 큼직한 시드를 끌고 오도록 낚는 것입니다. 또는 사기도박단이 우선 일정 금액을 따게 해주고 최후에는 모든 금액을 먹어버리는 것과도 일맥상통합니다.

하긴 한 번 털려보는 아픔도 있어야 성장한다고 치부할 수도 있겠지만, 그런 식으로 아까운 기회를 날려보낸다는 것은 너무나 분하고 원통한 노릇이지요. 사실 털리지 않고도 우린 충분히 성장할 수 있습니다. '아프니까 청춘이다'라는 말을 굳이 여기에 대입할 필

요도 없고요. 코린이 분들, '영끌' 하지 말고 불나방처럼 달려들지
말아야 합니다.

05

코인의 가격 변동에 일희일비하지 마세요

🪙 3% 수익에 연연하는 친구

오래된 친구랑 복국을 먹으러 간 적이 있습니다. 부친상을 당했을 때도 제가 끝까지 남아서 챙겨 줬던 그런 절친입니다. 그 친구가 코인으로 큰 수익을 낸 저를 많이 부러워하는 거예요. 제가 '보통 사람들과는 전혀 다른 세상'에 있는 것 같다고 하면서요.

그래서 제가 그랬습니다. "너 코인 투자해라. 정말 매력적인 시장이다." 그래서 친구가 코인을 시작했어요. 그리고 코인을 추천해 달라고 하기에, 이렇게 말해주었습니다. "그럼, 도지코인(Dogecoin)을 사. 도지가 꽤 매력적이거든. 근데 본업에 집중해야 하니까, 산 다음에 자꾸 들여다보진 말라고, 응?" 근데 식사를 하는데 매도 체결의 알람이 울리더라고요. 뭐냐고 물어보니 "네 말대로 도지를 저 밑바닥 318원에 주워서 3% 먹었거든."이라고 하더군요.

그래서 "아니, 그걸 왜 벌써 파는 건데?"라고 물으니 그 친구가 다시 떨어질 것 같아서 그냥 팔았다고 합니다. 자기가 매수한 코인과 코인 시장에 대한 이해가 없으니 이런 실수를 하는 겁니다. 반대로 매력적인 코인을 샀는데 하루도 지나지 않아 3% 오르자 곧바로 익절하려다가 동료 직원의 만류에 그냥 보유한 사례도 있습니다. 이 사람은 이틀날 100% 가격 상승이라는 짜릿함을 맛보았지요. 만약 자기 습관대로 전날 팔았더라면, 얼마나 땅을 치고 후회했겠습니까?

변동성이 큰 코인 시장에서 3~4% 수익이 났다고 습관적으로 익절하다가는 결국 훨씬 큰 손실을 보며 물리게 됩니다. 내가 사는 코인이 앞으로 왜 오를 것 같은지, 지금 가격이 충분히 저렴한 가격인지, 앞으로 오른다면 얼마나 오를 것 같은지, 등을 제대로 이해하지 않은 채 매수하면 결국 실패하는 투자로 이어진다는 것을 명심해야 합니다.

₿ 비트코인의 흐름이 코린이에게 주는 교훈

그렇다면 이제 차트를 통해서 코인 가격의 변동을 살펴볼까요? 30% 떨어지고 40% 올랐다가 다시 떨어집니다. 그리고 60% 오른 뒤에 63% 떨어지고 170%가 오릅니다. 그다음 15% 떨어지고 50주간이나 상승합니다. 오르내리기를 거듭하다가 급락과 급등하는 장에 있으면 정신적으로 많이 힘들겠죠?

그런데 그 모든 게 다음 도표의 노란색 박스 부분에서 있었던 일이에요. 그 뒤에 차트가 어떻게 됐는지 똑똑히 보이시죠.

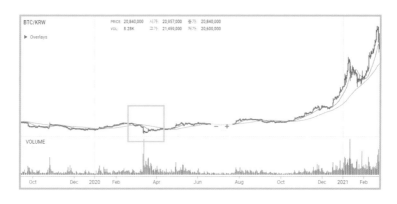

그러니까 단기적인 가격 변동에 일희일비할 필요가 없어요. 없어질 부실 코인이라면 당연히 긴장해야 하겠지만, 단기간에 아무리

가격이 널뛰어도 길게 보면 그저 점 하나에 불과합니다. 우리 인간이 지구 밖 우주에서 지구를 보면 하나의 점에 지나지 않아 한없이 겸손해진다고 하잖아요. 차트도 마찬가집니다. 장기적 관점의 긴 로그 차트에서는 그냥 흘러가는 잔잔한 파도일 뿐입니다.

파도가 잔잔하든 격렬하든 그 발생 원인은 달의 인력입니다. 달이 사라지지 않는 한 파도는 영원할 것이고요. 코인 가격 등락도 자연스러운 일이라고 생각하는 마음가짐이 필요합니다.

'팩트'를 한번 볼까요? 비트코인은 57주간 1,551%나 상승했습니다. 사실 비트코인은 2015년부터 2018년까지 이런 사건들이 많았습니다. 길게 보면 무려 11,774%나 올랐습니다. 내가 코인 투자를 못한다고 생각하거나 비트코인 시장이 무섭다고 생각되면, 덤벼들지 말고 우선 그냥 천천히 보기만 하세요. 정말로요!

제가 항상 강조하는 것이 있는데요. 비트코인은 60%도 빠지지만 반대로 170%도 오릅니다. 사실 무조건 떨어지지 않고 올라야만 할 이유가 어디 있습니까? 과거를 봐도 절대로 순탄하게 오지 않았고요. 앞으로도 순탄하게만 가지는 않을 것입니다. 중요한 것은 전체적인 큰 흐름입니다. 이것을 보도록 하세요.

또한, 비트코인은 아직 최고점을 찍지 않았다고 생각합니다. 당장이라도 비트코인은 1억 원까지 갈 수 있는 동력을 갖고 있다고 봄니다. 왜냐고요? 비트코인이 사회적으로 널리 수용됨에 따라 테슬라나 아마존 같은 회사의 비트코인 결제 허용, 비트코인 현물 ETF 승인 같은 이슈가 언제든지 터질 수 있습니다. 또 작년엔 엘살바도르가 비트코인을 법정화폐로 승인했는데, 올해는 그런 국가들이 연이어 나올 수 있습니다. 이러한 이슈가 한 번 터지기 시작하면 도미노처럼 '양의 되먹임(positive feedback)'을 일으키면서 비트코인 가격을 급등시키는 재료로 작용하게 되거든요.

밀크의 흐름이 코린이에게 주는 교훈

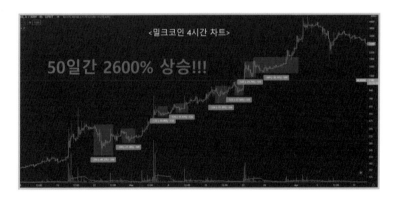

＜밀크코인 4시간 차트＞
50일간 2600% 상승!!!

그렇다면 좀 더 심화된 이야기를 하겠습니다. 위의 차트에서 보면 '밀크(Milk)'라는 코인은 50일 동안 2,600%가 올랐는데요. 아쉽게도 많은 코린이들이 이 황홀한 정점을 못 기다리고 보통 10~15% 수익을 내고 빠집니다. 역시 아쉽게 길게 보지 못한 경우죠. '한 번 떨어졌으니까 위에서 일단 팔고 아래에서 매수할까?' 이런 식으로 매매하기 때문에 크게 수익을 내지 못합니다. 경험 미숙한 코린이면 어떻습니까, 이제부터라도 제대로 '크게 먹는' 연습을 해야 합니다.

하지만 중요한 것은 밀크가 오를 거라고만 생각하면 안 된다는 사실입니다. 가령 8월을 한번 볼까요? 차트 가장 왼쪽 박스부터 보시면 600원을 찍었다가 200원까지 떨어지는 조정이 있었어요. 그 뒤로 등락을 반복하면서 800원, 2,000원, 5,000원으로 갑니다.

여기서 개미의 패턴을 따라가면서 어떻게 시드 머니가 삭제되는지 보여드릴게요. 예컨대 150원이던 가격이 단번에 600원으로 뜁니다. 추가 상승을 꿈꾸는 코린이들이 여기서 많이 올라타죠. 한참을 버티다가 뜻대로 안 되니까 팔아버립니다. 그러자 다시 가격이 올라갑니다. 희망을 품고 한 번 더 삽니다. 그후로 또 떨어지니까 팔게 되고, 그러면 다시 올라가요. 이젠 다시 살 마음이 사라지죠.

그런데 어쨌든 오르는 걸 보니, 3천 원에라도 사야겠다는 생각이 들고 뜬금없이 만 원까지 오르지 않을까, 단정 짓기 시작합니다. '밀크가 야놀자랑 관련 있다더라.' '소프트뱅크 손정의 회장이 야놀자에 2조 원을 지원한다는데?' '야놀자가 나스닥에 상장한다던데?'라는 식의 자기합리화를 하면서 말이죠.

여기까지는 좋아요. 그런데 더 고약한 문제가 벌어집니다. 2~3백만 원만 넣어두고 가만 있으면 되는데, 욕심을 내서 1천만 원, 2천만 원까지 투자를 늘리는 거죠. 아쉽게도 2백만 원으로 시작한 코인 투자는 열 배 이상의 규모로 커지고 결국 몇천만 원을 잃고 맙니다. 실수를 인정하고 빨리 빠져나오면 되는데 아쉽게도 대부분은 못 빠져나오죠. '존버'를 외칩니다. 조금씩 오를 때도 있지만, 끝내 수익을 볼 욕심에 그냥 버팁니다.

그러다 '이제 반등인가? 앞서 떨어진 건 역시 개미 털기였구만.' 하면서 안 팝니다. 가격이 엎치락뒤치락 한 끝에 어느덧 신고점에 도달했어요. 여기까지 왔으면 털어야 하는데 못 털어요. 그러다 보면 가격은 다시 곤두박질치고, 정신을 차렸을 때는… 네, 이미 늦었습니다.

앞으로도 가지각색의 호재가 여러분을 유혹할 겁니다. 하지만 무엇보다 일희일비해서 반응하는 실수는 하지 않아야 합니다.

₿ 솔라나의 흐름이 코린이에게 주는 교훈

이 차트는 솔라나(Solana)의 변동을 보여주는 차트입니다. 솔라나의 가격은 2020년 6월 15일 600원이었어요. 그리고 2021년 2월에는 7천 원이었습니다. 반년 만에 약 10배 이상 올랐죠. 600원에서 7,000원이라니! 흔히 여기가 고점이라고 생각하겠죠. 하지만 7천 원에서 30만 원까지 갑니다. 600원에서 시작해서 말이죠. 30만 원까지 단 1년 걸렸습니다.

우리가 이렇게 100배로 갈 코인을 미리 사서 백만 원만 투자할 수 있다면 어떨까요? 근데 이런 코인들이 과연 있을까요? 있습니다. 아니, 앞으로 수백 개가 생겨날 것이라 생각합니다. 왜 그런 강한 확신이 드냐고요? 크립토 시장에 기업과 스타트업이 들어왔기 때문입니다. 거대 세력과 기업이 블록체인, 메타버스 등의 전담 팀을 만들기 시작했기 때문입니다.

이것은 소위 '인터넷 닷컴 붐'이 일기 시작하던 초기와 많이 닮아 있습니다. 그때, 기억하시죠? 당시 막 싹을 틔운 좋은 기업을 발굴해서 투자했더라면 지금쯤 우린 큰 부자가 되어 있을 겁니다. 지금 코인 시장이 바로 그런 황금의 기회를 맞닥뜨리고 있습니다.

그러면 우리도 그 흐름에 올라타야죠. 가령 3천만 원의 여윳돈이 있다고 합시다. 이럴 때 10배, 100배 오를 가능성은 있지만 당장 펀더멘털을 믿기 어려워 매일 마음 졸이며 가격을 쳐다봐야 할 코인에는 소액만을 분산 투자하고, 나머지 큼직한 시드는 펀더멘털이 강하고 믿음직한 코인에 투자하는 것이 좋은 방법이라 생각합니다.

차트를 보면 종종 지루하죠? 그래도 그 지루함을 견딘 사람이 큰 결실을 가져가는 겁니다. 그리고 팔더라도 섣불리 팔지 않아야 합니다. 초기에 잘 발견해서 싸게 줍고 기다릴 줄 알아야 합니다.

근데 개인투자자들은 대체로 프로젝트의 가능성을 못 보고 10배의 수익만으로도 만족해서 팝니다. 그렇지 않고 100배 수익을 보려면 어떻게 해야 할까요? 프로젝트를 분석하고 공부한다면 가능할 것입니다.

코인 시장 - 공부하는 만큼 먹을 수 있는 시장입니다.

마지막으로 코인 부자 중 한 명인 배리 실버트(Barry Silbert)의 '자랑 같은 격언'을 소개하겠습니다. "투자는 나처럼 해라. 너희는 하루하루 가격에 일희일비하다가 5%, 9%씩 먹지? 나는 900% 먹는다." 글쎄요, 코린이들 속 뒤집어놓는 소리처럼 들리겠지만, 명심해두면 득이 될 것입니다.

06 지켜야 할 코인 투자 원칙들

ⓑ 일단 시드의 딱 10%만!

지금 코인 시장에 처음 발을 들이민 코린이라면 우선 작은 규모로 투자를 실행해보라고 권하고 싶습니다. 만약 나에게 준비된 시드가 천만 원이라면 백만 원, 즉 시드의 10%만 일단 투자하면서 시작하는 것을 권장합니다.

그러다 비율을 늘려가면서 투자를 진행하는 것이죠. 하지만 전액 투자는 위험합니다. 어떻게 될지 알 수 없는 것이 코인 시장이기 때문이죠. 50% 정도만 갖고 있어도 됩니다.

ⓑ '무지성 매매'는 보류하세요

준비 없이, 대책 없이 뛰어드는 무지성 매매는 일단 말리고 싶습니다. 또한, 선물투자도 마찬가지입니다. 사실 선물은 잘만 하면

100~500% 번다고 여기저기서 연락이 옵니다. 그도 그럴 것이 일단 선물에 손을 대면, 수익이 생겼을 때 그 규모 자체가 어마어마해져서, 현물 투자는 상대적으로 시시하고 재미없어져버려요. 선물은 1분마다, 10분마다 수익을 낼 수도 있잖아요. 그래서 아주 짧은 시간 내에 엄청난 수익 실현이 되는 달콤한 맛이 있는데 현물은 그렇지 않죠. 그렇지만 이런 달콤한 유혹에 넘어가지 말아야 합니다.

가격이 급등하는 코인에 올라타는 것 또한 위험하긴 마찬가지입니다. 선물 거래에서는 기한이 도래하여 청산해야 할 때의 시장가격에 따라 엄청난 손실을 감내할 위험이 도사리고 있는 반면, 급등 코인에 올라타는 것은 달콤한 마약을 계속 먹는 격이어서 예상치 못한 가격 급락을 만나면 어마어마한 상처를 입게 되거든요. 가격이 단기간에 그처럼 급상승하는 코인을 한 번 맛보면, 정말 진득하게 오래 갈 코인에 적응하지 못합니다. 물론 흐름이 보이고 스스로 통제할 수 있다면 잡코인을 사거나 선물에 투자해도 됩니다.

🅱 투자는 여유 있고 느긋하게

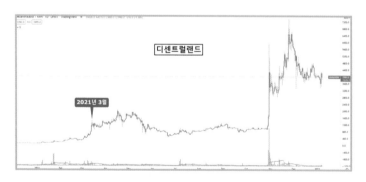

계속 강조하는 이야기인데요. 위의 디센트럴랜드(Decentraland)의 차트를 볼까요? 2021년 3월에 400원에서 무려 1,400원으로 급등했습니다. 하지만 문제는 이게 고점이 아니었다는 사실이죠. 이후 7월부터 9월까지 조정 기간을 거치긴 했지만, 결국 로켓처럼 올라갔습니다.

앞으로 우리에게 다가오는 장이 불장이면 이런 코인들은 1만 원도 돌파하겠죠. 하지만 반대로 떨어질 때는 어떻게 해야 할까요? 대책 없이 지켜보고 있어야 하나요? 아닙니다. 그저 방관할 수는 없지요. 하지만 저가 매수 기회가 보인다고 몰빵 투자를 해서도 안 됩니다. 긴 호흡으로 오랜 기간에 걸쳐서, 저점이 생길 때마다 조금씩 모아간다는 생각으로 투자를 하는 것이 중요합니다.

그리고 복리로 돈을 불릴 생각을 해야 합니다. 그렇게 돈을 불리려면 어떻게 해야 할까요? 안전하고 가치 있게 투자해야 합니다. 무엇보다도 변하면 안 될 원칙을 미리 구축해놓는 것입니다.

₿ 중요한 것은 분산 투자!

분산 투자의 개념을 이해하는 것은 매우 중요한데요. 분산 투자는 주식에 빗대면 철강주, 신재생에너지주, 반도체주 이렇게 다른 테마로 포트폴리오를 구성하는 것입니다. 같은 테마, 서로 다른 종목에 투자하는 건 분산 투자가 아니에요. 예를 들면, NFT 메타의 샌드박스(The Sandbox), 중국 메타의 네오(Neo), 트렌드 메타의 도지 이렇게 나눠서 들어가야 바람직한 분산 투자라고 볼 수 있습니다. 또한, 내가 매수하면 반드시 올라가야 한다는 생각은 잠깐 내려놓고, 횡보나 하락을 지켜보는 것이 지루해도 끈기로 기다려야 시드 머니를 불릴 수 있습니다.

⑤ 급등 종목은 신중하게 투자하세요

급등 종목이라 불리는 것에는 생각 없이 무작정 달려들면 안 됩니다. 일례로 다음 아하토큰(AhaToken)의 차트를 볼까요.

이 차트를 보면 아하토큰은 갑작스럽게 100% 이상 올랐는데요. 사실 코인 가격이란 게 150%나 그 이상 더 올라갈 수 있죠. 그런데 '이거 한 번 타볼까?' 식으로 한번 투자해서 운 좋게도 30분만에 70% 수익을 보면요, 앞으로 2%나 3% 수익을 올리는 코인에 투자하긴 어렵습니다. 역시 사람 심리가 그렇습니다.

물론 '초심자의 행운*'이 잘 따
라줘서 고수익이 계속되는 경우도
있죠. 하지만 불행히도 100명 중
99명은 결과가 좋지 않았어요. 다
르게 생각하면 100명 중의 1명이
될 수도 있겠지만, 1%라는 확률에
투자하는 것이 과연 안전할까요?

급등 코인은 초보 딱지를 떼고 어느 정도 분별력, 자제력이 생겼
을 때 도전하는 것이 좋다고 생각합니다. 초보 투자자들에게는 위
험해요. 운은 실력이 아니니까요.

₿ 무엇보다 1차 목표는 돈을 지키는 것

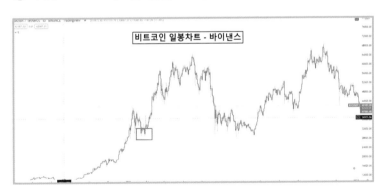

비트코인 일봉차트 - 바이낸스

위의 차트를 보면 비트코인이 이렇게 상승할 때, 네모 박스 표시

된 시점에서 펀더멘털 좋은 알트코인을 산 사람은 손실을 본 예가 거의 없습니다. 이때 이후로 루나(Luna) 코인은 1년도 안 돼서 100배가 넘게 올랐어요. 하지만 시장이 아무리 좋아도 잃는 사람이 많아요. 남들은 50% 버는데 나는 왜 3%밖에 못 버나, 비교하기 시작하고 흔들리면 무원칙의 불나방이 돼버립니다.

계속 강조하는 부분인데요. 앞으로 150%는 물론이고 500%, 800%까지 급등하는 코인들도 무궁무진할 것입니다. 메이저 코인도 50~60%씩 오릅니다. 그러니까 지금 마이너스라도 괜찮습니다.

우리가 투자가 아닌 어떤 게임을 하고 있다고 간단히 생각해볼까요? 사실 이 게임은 많이 할수록 지는 구조입니다.

왜 그럴까요? 1,000만 원의 시드로 70% 확률에 베팅해서 2,000만 원을 벌었다고 가정해 봅시다. 이 다음에 다시 2,000만 원을 넣어요. 그것이 사람의 심리고 인간이 AI를 못 이기는 이유죠. 그럼에도 운이 작용해서 3,000만 원을 버는 일이 생기기는 하지만요.

진짜 중요한 것은 여기서 멈출 줄 알아야 한다는 점입니다. 이렇게 일단 돈을 벌고 철수하면 되는데 대부분 못 나갑니다. 그래서 끝내 1,500만 원을 잃고 말죠. 괜찮습니다. 시작이 1,000만 원이었으니까 나쁘지 않죠. 문제는 이런 분들이 원금을 처음의 1,000만 원이 아니라 가장 많이 벌었을 때의 3,000만 원이라고 생각한다는 것입니다.

그러니 이 반대로만 하면 시드를 복사할 수 있어요. 아무리 돈 벌 확률이 높은 장이라도 잃을 확률 또한 공존하기 때문에, 가령 1,000만 원이

☑ 레버리지

원래 지렛대를 뜻하는 영어 단어죠. 시장에서는 투자에 투입하는 대출 등 차입금, 이러한 차입을 이용한 투자 행위의 의미로 쓰입니다.

있는 경우엔 200만 원만 투자할 수 있는 자세가 필요합니다. 무엇보다도 시드는 안전한 돈이어야 해요. 대출 일으키고 레버리지˙를 이용해서 코인에 넣는다면 결국엔 마이너스 엔딩을 볼 것입니다. '돈 벌려고'가 아니라 '돈을 지키려고' 투자한다는 관점의 전환이 필요합니다.

코인에
투자해야 하는
이유

"군중의 의견을 꿰뚫어보고 현재의 진실이 무엇인지 찾아낼 수

있다면 투자에서 엄청난 성과를 거둘 수 있을 것이다"

- 필립 피셔

01 기관이 온다

　거품이다, 미래 자산이다, 말도 많지만 암호화폐 투자는 이제 되돌릴 수 없는 흐름이 됐습니다. 전 세계 암호화폐의 일일 거래량은 100조~150조 원에 달하고 있고요. (코인마켓캡 기준)

　개인투자자들이 주를 이뤘던 초창기와 달리 대기업, 대형 투자사를 비롯한 기관들이 코인 시장에 들어와 대규모 자금을 투입하고 있는 상황입니다.

₿ 경제 환경 변화가 이끈 코인의 위상

　그렇다면 그동안 코인의 위상이 이렇듯 높아진 이유는 무엇일까요? 제가 생각하기에 변화의 결정적인 원인은 코로나19 대유행에 따른 경제 환경 변화와 정부의 태도 전향입니다.

선진국을 중심으로 각국 정부는 투기 과열을 우려하면서도 '디지털 자산'으로서의 암호화폐에 주목하고 있습니다.

우리나라에서 해마다 물리적으로 훼손되어 버려지는 화폐는 약 6억 장, 금액으로는 약 4조 7천억 원에 이릅니다. 이를 대체하는 화폐를 발행하는 데도 1천억 원이 드는 등, 무시 못 할 비용이 발생하고 있죠. (2020년 기준) 이에 더해 방역을 위한 비대면, 사회적 거리두기도 디지털화를 앞당긴 계기로 작용했습니다.

각국의 중앙정부는 암호화폐의 근본 정신인 '탈중앙화'를 지우고 '통제 가능한 디지털 자산'으로의 전환을 꾀하는 중이죠.

투자하는 개인의 측면에서는 암호화폐가 주식 및 파생상품, 부동산과 함께 훌륭한 '투자상품'이 된다는 공감대가 커진 거고요. 투자자들이 안전한 투자를 위해 오히려 암호화폐의 제도권 관리(정부 주도 관리·감독)를 요청하면서 위상을 높이게 됐습니다.

그 사이 암호화폐의 대표 주자 비트코인은 2021년 11월 기준으로 개당 8,000만원 이상의 가격에 거래되었습니다. 2018년 12월 360만 원대로 떨어졌을 때와 비교해 가격이 20배 이상 폭등했고, 2017년 광풍 당시의 최고치(2,100만 원)와 비교해도 3배 이상 올랐습니다. 위상 변화와 안정이 없었다면, 아무리 수요가 늘어났다 해도 있기 힘든 일입니다.

ⓑ 자금이 몰려드는 코인 시장

코인 투자에 자금이 쏠리면서 거래 규모도 급성장하고 있습니다. 국내 4대 암호화폐 거래소(빗썸, 업비트, 코인원, 코빗)의 하루 거래 금액은 1차 급등기였던 2017년과 2018년에 각각 평균 1조6,978억 원과 2조5,654억 원이었다가 2019년 1조3,367억 원, 2020년 9,759억 원으로 줄었습니다.

하지만 2021년 초를 지나가며 자금이 빠르게 몰리기 시작해, 하루 거래대금이 무려 12조5,702억 원(2021년 4월 30일 기준)에 이르렀습니다. 4년 전보다 무려 7배 이상 늘어난 규모입니다. 이는 당일 코스피 시장 거래대금(19조2,080억 원)의 65% 수준이고, 코스닥 시장 거래 금액(9조5,300억 원)을 크게 웃도는 금액입니다.

이처럼 비트코인 가격이 폭등하고 시장이 확대된 이유는 비트코인이 향후 안정적 자산이 될 것이라는 기대가 널리 확산되었기 때문입니다.

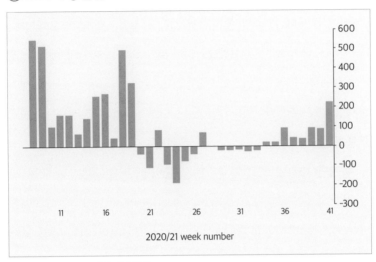

ⓑ SEC가 승인한 ETF

2020/21 week number

▲ 주간 가상자산 흐름 (단위: 백만 달러)

위의 그림은 기관의 투자 현황인데요. 21년 10월 초까지 8주 연속 6억3,800만 달러가 유입되었습니다.

자금 공급자별 유입 규모(US$m)				
	주간 유입	당월 유입	연초 이후 유입	총 운용자산
Grayscale	0.0	0.0	2.461	48.406
CoinShares XBT	6.2	4.8	-1.087	4.719
CoinShares Physical	54.7	59.3	439	653
3iQ	1.1	1.1	979	2,498

21Shares	10.8	9.5	758	2,051
Purpose	6.3	5.6	1,022	2,462
ETC Group	165.1	185.7	709	1,416
Bitwise	0.0	0.0	179	1,100
Other	-18.1	-16.5	868	3,409
Total	**226.2**	**249.5**	**6,328**	**66,715**

또 AUM(총 운용자산, Asset Under Management) 규모에서도 나타나듯 기관의 자본이 계속 들어오고 있습니다. 여기엔 암호화폐 관련 상품을 금지할 의사가 없다고 한 개리 겐슬러(Gary Gensler) 미국 증권거래위원회(SEC) 의장의 발언이 한 몫을 했습니다.

2021년 2월 캐나다는 세계 최초로 비트코인 현물 ETF를 출시했는데 1년도 안 돼서 약 14억 달러의 투자금이 쌓였다고 합니다. 이렇게 되자, 그동안 지켜보고만 있던 미국 증권거래위원회가 비트코인 선물 ETF 출시를 승인한 것이죠.

이미 미국의 주요 투자기관이 비트코인을 매입했고, 테슬라(Tesla)와 마이크로스트래티지(MicroStrategy) 등의 기업도 비트코인을 사서 모으고 있습니다. 여기에 미국 최대 암호화폐 거래소인 코인베이스의 나스닥 상장도 암호화폐 열풍의 기폭제가 되었습니다.

₿ 탈중앙적 성격의 약화가 가져온 변화

거대 투자기관과 정부가 코인의 가치를 인정하고 나아가 코인 투자에 동참하게 된 것은 흥미롭게도 암호화폐가 초기에 지녔던 탈중앙화 성격이 약해지면서 정부의 통제 영역으로 편입되는 것과 흐름을 같이 합니다.

애초 암호화폐는 중앙은행 중심의 기존 통화체제에 반발해 탄생한 것입니다. 일방의 통제를 벗어나 누구나 자유롭게 발행과 유통에 참여해 거래하자는 게 암호화폐의 기본 취지입니다.

이런 성격 때문에 비트코인이 초기에 주목받은 것입니다. 국가의 개입 없이 참여자들의 자율적 행위를 통해서도 거래의 신뢰를 확보할 수 있다는 이유에서였죠.

하지만 각국 정부가 자금세탁을 방지한다는 명목으로 암호화폐 거래에 제재를 가하면서 고유의 탈중앙화라는 속성은 차츰 옅어졌습니다. 2019년 국제 자금세탁 방지기구는 암호화폐를 주고받을 때 발신자와 수신자의 신원과 거래내용을 가상자산사업자가 의무적으로 보관하도록 했습니다. 우리나라에서도 개정된 특정금융정보법에 따라 은행 실명계좌를 통해서만 암호화폐를 사고팔아야 합니다.

흥미로운 건 투자기관들이 이런 규제 강화를 외려 암호화폐의 투자 안정성을 높이는 요인으로 평가한다는 점입니다. 코인 투자자들은 여기서 한발 더 나아가 기존 금융상품처럼 안전한 투자 환경

이 만들어지도록 정부에 관리를 요구하는 실정입니다.

이와 관련해 각국 정부의 모습은 '투트랙'에 가깝습니다. 한편으로는 비트코인 등 암호화폐 시장의 과열을 우려하며, 여전히 암호화폐는 화폐로서의 가치가 없다고 규정합니다. 그러나 다른 한편으로는 암호화폐의 바탕이 되는 블록체인 기술을 통해 통제 가능한 '디지털 화폐' 발행을 추진하며 코인 돌풍에 발맞추어 가고 있습니다. 흠, 겉으로는 "너희를 인정할 수 없어!" 하면서도, 속으로는 "너희에게 배울 건 배워서 써먹어야겠어!" 이런 태도인가요?

인플레이션 시대의 대안 투자

🪙 30년 전으로 돌아간다면?

존은 어릴 적 화재로 소방관인 아버지를 잃었습니다. 아버지의 부재 속에서도 존은 어머니를 모시고 멋지게 성장하여 경찰관이 되었지만, 항상 아버지에 대한 그리움이 있었죠.

그러던 중 우연한 기회에 1969년 화재로 사망하기 직전의 아버지와 무선통신을 할 수 있게 됩니다. 존은 이 능력을 활용해 죽을 운명이었던 아버지를 구하고 가족과 이웃사촌을 위협하는 연쇄살인마도 막게 됩니다.

이 이야기는 영화 〈프리퀀시(Frequency)〉의 줄거리인데요. 이 영화의 배경은 1999년입니다. 시간여행이라는 특성상 중간에 재미있는 장면이 하나 등장하는데요. 1969년, 주인공과 무선 교신하는 아버지에게 아직 꼬맹이인 주인공의 단짝 친구가 찾아옵니다. 미래의 친구가 매일 주식에서 돈을 잃고 힘들어하는 모습을 떠올린 주인공은 과거의 친구에게 앞으로 평생 다른 것 말고 '야후(yahoo)'라는 단어를 기억하라고 당부합니다.

야후는 한때 전 세계를 주름잡았던 검색엔진입니다. 물론 지금은 추억으로 회자하는 단어가 되었지만요.

영화의 마지막 장면, 주인공의 단짝 친구는 좋은 외제 차를 몰며 부자가 되었음을 암시하는 장면이 등장합니다.

▲ 〈프리퀀시〉의 한 장면(출처: 네이버 영화)

여러분은 30년 전 과거와 소통할 수 있다면 가족에게 어떤 말을 전하고 싶나요? 또한, 본인의 미래를 위해서는 어떤 준비를 할 것인가요? 가장 이상적인 답변이라면 강남에 땅을 산 뒤 그것을 팔아 삼성전자 주식을 사고, 다시 그 돈으로 비트코인을 사는 것이 아닐까 싶습니다.

ⓑ 비트코인의 미래 가치

달러와 코인을 비교해볼까요? 지금 20달러 정도로 살 수 있는 게 무얼까요? 그다지 많진 않을 것입니다. 반면 몇십 년 전에는 20달러로 살 수 있는 것들이 두루두루 많았습니다.

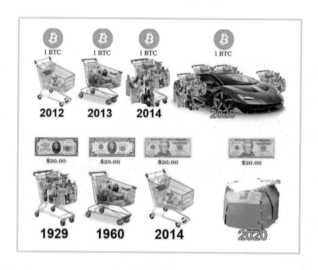

그렇다면 비트코인은 어떨까요? "코인이 무슨 돈이냐?" 하는 식으로 무시당하던 시절도 분명 있었습니다. 하지만 지금은 어떻습니까? 코인 한 개가 8,000만 원을 넘기리라고 상상한 사람이 얼마나 될까요? 어쨌거나 비트코인의 가치는 그 끝이 어딘지 도무지 알 수 없을 정도로 줄곧 올라가고 있습니다. 가끔씩 곤두박질치는 모양조

차 썩 걱정스럽지 않게 보일 정도로 말이죠.

단순히 저의 희망 사항이 아니냐고요? 그렇지 않습니다. 가격의 추이는 차트가 보여주는, 객관적 진실입니다.

비트코인이 인플레이션 헷지 역할, 즉, 화폐가치 하락의 리스크를 줄여주는 역할을 할 것이라는 기대감도 커지고 있습니다. 암호화폐에 회의적이던 억만장자가 비트코인 투자에 나서는가 하면, 비트코인이 금의 역할을 대체할 것이라는 관측도 있습니다.

2017년 투자 열풍 때만 해도 미국의 투자기관들은 대체로 비트코인에 부정적이거나 관망하는 분위기였습니다. 미국 최대 은행 제이피 모건(JP Morgan)의 제이미 다이먼(Jamie Dimon) 회장은 '비트코인은 사기'라고까지 단언했습니다. 하지만 그랬던 제이피 모건이 2021년 8월부터 암호화폐 펀드를 판매하고 있죠.

코로나19 대유행이 시작된 후 각국 정부가 경기 부양을 위해 막대한 돈을 시중에 풀었고, 달러 가치 하락을 우려한 투자자의 눈에 비트코인이 대체 투자 수단으로 떠오른 것입니다.

헷지 펀드 업계의 거물인 폴 튜더 존스(Paul Tudor Jones)는 비트코인 매입 목적을 인플레이션 위험 회피 수단이라고 직접 밝히기도 했습니다.

단적인 사례로 적금을 생각해볼까요. 물가는 매년 3~4%씩 올라가는데 적금 금리는 3~4%씩 오르지 못 하죠. 은행에 돈을 맡기면 안전할지는 몰라도, 조금씩 손해를 보게 되는 겁니다. 그런데 비트코인은 매년 올라갔어요. 매년 우상향하고 있죠. 넣어두고 기다리면 계속 오르는 것이 비트코인입니다.

여러분, 헷지 펀드의 전설 레이 달리오(Raymond Dalio)는 심지어 이렇게 말했답니다. "먼저 현금은 쓰레기라는 걸 알아야 합니다. 그러니까, 현금 형태로 보관해서는 안 돼요. (First, know cash is trash, so don't keep it in cash.)" 다소 센 발언이긴 하지만, 투자의 관점에서 전통적인 금융상품만 바라보던 시대는 지났다는 맥락인 거죠. 성공적인 커리어를 쌓아 왔고 영향력 있는 투자자들이 현상을 어떻게 인식하고 어디로 가는지 눈여겨봐야 합니다.

03

한정된 공급

₿ 타의 추종을 불허하는 역동성

비트코인 가치의 증가 폭을 다른 자산의 그것과 비교해보면 좀 더 쉽게 알 수 있습니다. 다음 그림을 볼까요? 최근 10년간의 변화입니다.

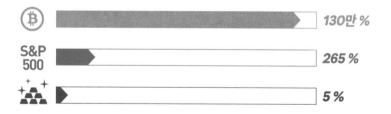

비트코인이 10년 동안 130만% 오를 때, S&P 500은 265%, 금은 5% 오르는 데 그쳤습니다.

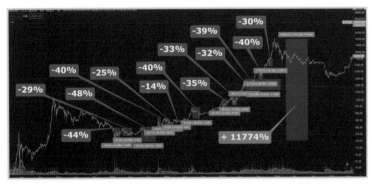

▲ 2015년부터 2018년까지의 비트코인 변동 추이

위의 그래프에서 2015년부터 2018년까지 비트코인의 변동을 볼까요? 40% 떨어지고, 40% 떨어지고, 25% 떨어지고, 14% 떨어지고, 30% 떨어지고, 39% 떨어지고, 40% 떨어지고, 30% 떨어지고 있습니다. 매번 떨어졌어요.

하지만 중요한 사실은 따로 있습니다. 장기간의 차트로 봤을 때는 가격이 무려 11,774% 올랐다는 것이죠. 이것을 여러분의 멘털이라 생각한다면 어떨까요? 멘털이 30% 떨어지고, 40% 오르고, 40% 떨어지고, 60% 오르고, 60% 떨어지고, 170% 오른다면 정말 힘들겠죠? 하지만 이런 지옥 같은 한두 달간의 장을 보여주다가 이걸 버틴 사람이 57주 뒤에는 1,551%의 수익을 가져가는 것입니다.

그렇다면 비트코인이 왜 이렇게 장기적으로 급격한 가치의 폭등을 보이는 것일까요? 이유는 역시 비트코인의 가치를 점점 더 많은 사람들이 깨닫고 여기에 투자하기 때문입니다.

⑧ 물량이 잠겨 있는 비트코인

이 세상의 비트코인은 '향후 채굴될 물량까지' 모두 합쳐서 단 2,100만 개뿐입니다. 그 이상 늘어나지 않습니다. 또한, 비트코인 현재 시총은 800조 원밖에 안 됩니다.

800조 원, 엄청 커 보이죠? 그러나 마음만 먹으면 한 특정 자산 운용사에서 다 매입할 수도 있습니다. 그렇지만 현실적으로는 다 못 삽니다. 왜일까요? 물량이 잠겨 있기 때문입니다. 현금 800조 원을 갖고 있다고 해서, 800조 원어치의 비트코인을 다 찾아내 살 수는 없다는 얘기죠.

그뿐인가요, 어떤 기득권 세력 하나가 비트코인을 다 독점해서 보유하고 있다면, 이 시장은 돌아가지 못합니다. 예를 들면, A가 이 시장을 다 먹고 있어요. 그럼 B, C가 들어갈까요? 들어가고 싶은 동기를 쉬이 느낄까요? 기분이 나빠서라도 안 들어갈 겁니다. 또한, 비트코인은 어느 한 개인이 다 가지고 있어도 안 됩니다. 그래서 다른 주요 자산이나 마찬가지로 암호화폐도 재력과 권력을 지닌 기득권 세력이 골고루 갖고 있는 것이죠. 물론 항상 비트코인의 움직임을 예의 주시하고 있는 것은 주로 디지털 트렌드에 익숙한 젊은이들이지만 말입니다.

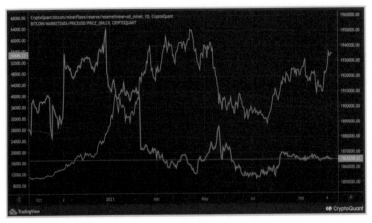
▲ 2019년부터 2021년 초까지의 비트코인 가격 변동 추이

위 그림의 주황색 선이 비트코인의 가격입니다. 그리고 파란색 선은 비트코인 유통량입니다. 차트에서 보시다시피, 2020년 10월부터 12월까지는 채굴자들이 비트코인을 부지런히 팔았습니다. 그런데 가격이 계속 치솟자 갑자기 물건을 내놓지 않고 붙들고 있기 시작합니다.

중요한 것은 채굴자들이 차익 실현을 위한 순매도를 하지 않았다는 사실입니다. 즉, 비트코인이 최소한 현 가격대를 유지하거나 더 상승할 거라고 예상한 것입니다.

04

화폐로서의 기능

상품의 가격 결정에 가장 큰 영향을 주는 요소는 바로 그 상품의 수요와 공급입니다. 공급량이 수요량보다 많다면 공급자 간의 경쟁으로 가격이 하락하지만, 수요량이 공급량보다 많다면 수요자 간의 경쟁으로 가격이 상승합니다.

재미있는 것은 이 비트코인 역시 수요와 공급의 원리를 충실하게 따라가는 상품이라는 점입니다. 밑바탕에서는 역시 사람의 심리가 작용하고 있기 때문이죠.

₿ 법정 통화로 지정된 비트코인

사람들이 비트코인에 갖는 기대감에는 무엇이 있을까요? 우선 화폐로 사용될 것이라는 기대감입니다. 실제로 엘살바도르는 2021년에 세계 최초로 비트코인을 법정 통화로 지정했습니다. 엘살바도르의 이런 파격적인 실험은 암호화폐 역사에서 중요한 사건으로 기록할 만합니다.

거의 모든 국가가 자국 내의 통화를 독점하면서 경제적인 이득을 취합니다. 그와 동시에 법정통화를 기반으로 금융 전반을 통제하는데, 이는 국가 권력을 지키는 핵심적인 수단이기도 합니다.

다만 이런 힘은 그 국가의 화폐가 신뢰를 얻을 때만 가능한데요. 만약 국가가 발행한 화폐가 신뢰를 잃으면 그 화폐는 잘 사용되지 않을뿐더러 인플레이션이 발생합니다.

₿ 코인은 새로운 국가 통화 시스템

바로 비트코인이 이처럼 화폐 기반이 취약한 국가를 위해 훌륭한 대안이 될 수 있다는 점에 주목해야 합니다. 비트코인은 전체 발행 수량이 제한되어 있어 자국 통화보다 신뢰가 높은 데다 전 세계 어디서도 통용될 수 있습니다. 그러면서도 다른 나라의 통화 정책에 휘둘릴 필요도 없지요. 마치 달러가 그런 것에 휘둘릴 일이 없는 것처럼 말입니다.

특히, 엘살바도르를 비롯한 개발도상국은 국내 정세의 불안 때문에 해외로 나간 노동자들이 많은데요. 이들로부터 발생하는 국제 송금 수수료를 크게 낮출 수 있는 장점도 있습니다.

그뿐만 아니라 비트코인은 통화이기 이전에 거래소에서 거래되는 상품인 만큼 차후 가격 상승에 따른 투자 수익까지 덤으로 기대할 수 있습니다. 물론 가격이 떨어질 때의 손실에 대해서도 대책을 마련해야 하겠지만 말입니다.

엘살바도르가 비트코인의 법정 통화 채택을 선언한 이후 브라질, 아르헨티나, 파라과이, 탄자니아 등이 비트코인 채택을 검토하고 있는 데에도 방금 설명 드린 이유들이 깔려 있습니다.

⑧ 코인은 장기 투자 시장

따라서 최근 전문가들은 코인의 장기 투자를 권하고 있습니다. 일론 머스크(Elon Musk)의 테슬라가 비트코인으로 자사의 전기차를 구매할 수 있도록 하는 경영 방침을 발표했었고요. 미국 최대 암호화폐 거래소 코인베이스가 2021년 4월 나스닥에 상장하는 등, 암호화폐와 관련해서 고무적인 움직임이 감지되고 있습니다.

개인 투자자들 역시 이 움직임을 따라가고 있고요.

또 비트코인은 미래 가치를 갖는다는 측면에서 다음과 같은 속성들을 갖습니다.

₿ 내구성

'내구성' 하면 썩거나 쉽게 부서지지 않아야 한다는 점이 중요하지요. 그런 측면에서 금은 최고의 내구성을 갖고 있습니다. 그렇기 때문에 예전에 사용되었던 금화는 오늘날에도 여전한 가치를 가지고 있는 게 아니겠습니까?

반면, 법정 화폐와 비트코인은 디지털 기록을 기반으로 하여 발행됩니다. 물론 지폐처럼 실물을 만들 수도 있지만, 그런 경우에도 지폐를 발행하는 기관은 영원하지 않다는 점에 주목해야 합니다.

국가도 태어났다가 사라지는 경우가 허다합니다. 그러니 그 나라의 화폐나 발행 기관도 마찬가지로 생겼다가 사라지지 않겠어요? 따라서 법정 화폐가 강한 내구성을 가지고 있다고 생각하는 것은 옳지 않습니다.

비트코인 역시 그런 측면에서 내구성이 있다고 보긴 어렵습니다. 다만 다른 코인과 비교해서는 해커의 공격이나 국가 규제에 효과적으로 대처하는 모습을 보여 왔죠. 따라서 현재까지는 꽤 높은 수준의 내구성을 보여주었다고 할 수 있습니다.

⑧ 휴대성

휴대성이란 이동이나 보관이 쉬워서 분실, 도난으로부터 안전하게 보호될 수 있는 특성을 말합니다. 그런 측면에서 비트코인은 휴대성이 뛰어납니다. USB에 저장해놓고 어디든 가지고 다니다가 개인키를 이용해서 쉽게 사용할 수 있습니다. 또한, 아무리 많은 금액이라도, 지구 반대편에 있는 사람에게라도, 거의 즉시 전송할 수 있죠.

디지털 법정 화폐도 휴대성이 뛰어납니다. 하지만 정부 규제와 자본 통제로 대규모 전송의 경우 시간이 걸리거나 불가능할 수도 있습니다. 자본 통제를 피하기 위해 현금을 사용할 수도 있지만, 보관이 위험하고 운반 비용이 들어갑니다. 물리적으로도 높은 밀도를 가진 금은 휴대성이 매우 떨어집니다.

Ⓑ 검증성

신속하게 식별하고 검증할 수 있어야 합니다. 검증이 쉬워야 거래 가능성도 높아질 테니까요. 검증성 측면에서 가장 이슈가 될 만한 것은 바로 '위조 가능성'의 문제입니다. 위조 방지 기능이 있다고 해도 여전히 위폐가 활개를 치고 있습니다. 금은 어떨까요? 화폐보다 빈도는 덜하겠지만, 가짜 금 역시 존재하긴 합니다.

반면에 비트코인은 확실하게 검증할 수 있습니다. 비트코인 소유자는 암호화 서명을 사용해 공개적으로 자신의 비트코인 소유권을 증명할 수 있습니다.

Ⓑ 분리성

화폐의 가치를 쉽게 나눌 수 있는 특성을 말합니다. 비트코인은 1억 분의 1까지 나눌 수 있으며, 이런 극소량도 전송할 수 있습니다. 물론, 네트워크 비용상 이런 극소량의 전송은 비효율적이겠지만요.

법정 화폐도 일반적으로 구매력이 거의 없는 수준까지 잔돈으로 나눌 수 있습니다. 금은 물리적으로 나눌 수는 있지만, 나누면 나눌수록 사용하기가 어려워집니다.

₿ 희소성

통화 상품은 위조가 불가능하고, 진귀해야 합니다. 즉, 풍부하지 않아야 하고, 쉽게 얻거나 생산할 수 없어야 합니다. 희소성은 가치 저장 수단의 가장 중요한 속성이며, 기본적인 원천이니까요.

비트코인, 법정 화폐, 금을 가장 명확하게 구분할 수 있는 속성이 바로 희소성입니다. 비트코인은 최대 2,100만 개만 생성되도록 설계되었기 때문에 비트코인 소유자는 자신이 전체 공급량 중 몇 %를 소유하고 있는 것인지, 정확히 알 수 있습니다.

금 또한 희소성은 물론 높지만, 동시에 공급도 계속 늘고 있습니다. 더 효과적이며 경제적인 채굴 방법이 나타나면, 금의 공급은 획기적으로 늘어날 수 있습니다.

법정 화폐는 상대적으로 최근의 발명품일 뿐이며, 계속해서 공급이 증가하고 있습니다. 국가는 정치적 문제를 해결하기 위해 계속해서 화폐를 찍어냅니다. 전 세계 정부들이 점점 더 많은 화폐를 찍어내면, 화폐의 구매력은 감소하고 그로 인해 떨어지는 화폐 가치는 오롯이 화폐 보유자가 감내해야 합니다.

₿ 역사성

더 오랜 기간 가치 있는 것으로 인식될수록 가치 저장 수단으로서 매력도 더 커집니다. 당연한 논리이지요.

금만큼 오랜 역사를 가진 것도 없습니다. 오늘날에도 금은 여전히 상당한 가치를 유지하고 있습니다. 하지만 역사가 짧은 법정 화폐는 그렇지 않습니다. 법정 화폐는 발생 초기부터 보편적으로 가치가 떨어지는 경향을 보였기 때문입니다.

이런 현재 상황이 지속된다면, 법정 화폐는 중장기적으로 그 가치를 유지하기 어렵지 않을까 전망되기도 하고요.

비트코인은 짧은 역사에도, 시장에서 충분한 시련을 겪었기 때문에 앞으로도 가치 있는 자산으로서 남을 가능성이 높다고 전망할 수 있습니다.

⑧ 검열 저항성

검열에 대한 저항성도 상당히 무게 있는 화두입니다. 일부 독재국가나 개발도상국에서는 자산 보유·투자 시에도 정부나 범죄 조직 등의 외압으로부터 자유로워야 한다는 열망이 이어져 왔습니다.

암호화폐는 블록체인 네트워크의 속성상 사람이 개입해서 트랜잭션의 승인을 결정하는 과정이 없습니다. 비트코인은 분산된 P2P 네트워크로서, 본질적으로 검열에 저항할 수 있도록 설계되었기 때문이지요.

따라서 국가가 은행 및 기타 금융 기관의 자금 전송에 개입하는 전통적인 은행의 시스템과는 아주 대조적입니다. 정부나 금융당국의 송금 규제는 전형적이고 고전적인 자본 통제라 할 수 있습니다.

₿ 가치 저장 수단의 최종 승자는?

지금까지의 내용을 바탕으로 금과 법정 화폐, 그리고 비트코인에 등급을 매겨 표로 알기 쉽게 비교해보았습니다.

특성	금	법정 화폐	비트코인
내구성	A+	C	B
휴대성	D	B	A+
검증성	B	B	A+
분리성	C	B	A+
희소성	A	F	A+
역사성	A+	C	D
검열 저항성	C	D	A

비트코인은 무려 4개의 분야에서 A+입니다. 매우 우수하며, 금과 법정 화폐보다 대체적으로 장점이 많다고 볼 수 있습니다.

비트코인은 위에 열거한 가치 저장 수단으로서 이전의 어떠한 통화 상품보다 우수한 특성을 가지고 있습니다. 그래서 많은 투자자들이 비트코인을 적극적으로 활용하고 있습니다. 특히, 검열 저항성과 희소성은 비트코인만의 강력한 무기라고 할 수 있습니다.

메타버스 및 NFT와의 연동성

메타버스 코인 '디센트럴랜드'

다들 기억하나요? 우린 15년 전에 싸이월드에서 도토리를 샀습니다. 그때 현금으로 암호화폐를 산 것입니다. 이것이 지금 한층 진화되어 새로운 옷을 입고 나타났습니다.

▲ 출처 : coindesk.com

위의 사진에 체스를 두고 있는 두 사람이 보이지요? 이들은 게임 속의 NPC가 아니라, 실제 유저들의 아바타 캐릭터입니다.

이 공간도 모두 유저 개인이 만든 공간입니다. 여기서는 '디센트럴랜드'라는 코인을 거래하며 다양한 활동을 할 수 있죠.

특히 VR 기어를 착용하면 손발을 움직이며 직접 보고 듣는 경험을 할 수도 있습니다.

한눈에 사물을 인식하고 스마트하게 일하는 〈아이언맨〉의 이야기가 너무 먼 얘기라고 생각하나요? 아닙니다. 실제로 지금 가능합니다. 또한, 우리가 회사로 출근할 필요가 있을까요? 출근할 필요 없습니다. 그냥 침대에서 고글 하나만 쓰면 여기가 일을 하는 책상이 될 수 있습니다.

▲ 출처 : markets.businessinsider.com

또 다른 생각을 해볼 수도 있을 겁니다. 가령 여기서 무슨 콘서트라든지 축구 경기 같은 걸 벌이는 경우엔, 광고판을 설치해서 수익을 창출할 수도 있지요. 광고주는 행사 주최자한테 돈을 지불하고 홍보를 하는 것입니다. 그런데 인기 있는 행사라면 수백만 명이 올 수도 있기 때문에 제법 괜찮은 수익이 될 수도 있고, 상업적으로 다양하게 활용할 수 있습니다.

즉, 도토리는 현금화가 안 되었지만, 암호화폐는 현금화가 되는 시대에 우리가 살고 있다는 얘기죠.

▲ 나이키 NFT(ⓒ RTFKT)

또한, 브랜드들도 NFT(Non-Fungible Token) 시장으로 들어오고 있습니다. 아디다스에 이어 나이키도 들어왔어요. 이제 시작입니다. 메타버스라는 이름의 '버스'가 떠나버리기 전에 미리 공부하고 탑승하면 좋겠죠?

🅑 메타버스와 NFT가 주도하는 가상 현실

메타버스는 '가상'을 의미하는 메타(meta)와 '세계'를 의미하는 유니버스(universe)를 합친 단어로 가상 공간 기술을 기반으로 구축한 3차원 현실 세계라고 볼 수 있습니다. 지금까지 소개한 디센트럴랜드는 메타버스 코인 중 가장 대표적인 것입니다.

이 외에도 샌드박스, 엔진(Enjin)등이 대표적인 메타버스 코인입니다.

▲ 출처 : 디센트럴랜드

우리는 이렇게 가상의 공간에서 콘서트를 보고 즐길 수 있습니다. 유명 스타들이 이미 이 공간으로 들어왔다고 합니다. 저스틴 비버, DJ 마시멜로 등 팝스타들이 접속해 팬들과 소통하기도 했죠.

이미 전세계적으로 대세인 메타버스와 NFT, 여기에 하나 더 추가해서 탈중앙화 금융을 의미하는 '디파이(DeFi; decentralized finance)'까지, 새로운 세계를 주도할 시스템과 문화는 모두 코인과 연결되어 있습니다. 그래서 우리는 더더욱 코인을 연구하고 공부할 필요가 있습니다.

코인으로
성공한 사람들

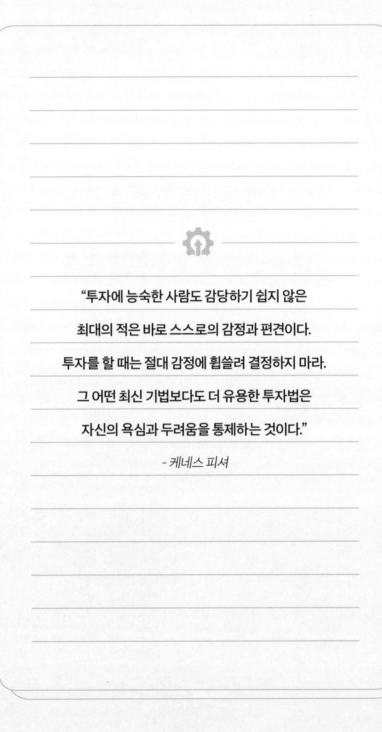

"투자에 능숙한 사람도 감당하기 쉽지 않은

최대의 적은 바로 스스로의 감정과 편견이다.

투자를 할 때는 절대 감정에 휩쓸려 결정하지 마라.

그 어떤 최신 기법보다도 더 유용한 투자법은

자신의 욕심과 두려움을 통제하는 것이다."

- 케네스 피셔

01

부를 향해 앞서가는 밀레니얼 백만장자들

2021년 CNBC 백만장자 설문조사(Millionaire Survey)에 따르면 밀레니얼 백만장자의 절반 가까이(47%)가 본인 자산의 25% 이상을 암호화폐로 보유 중이라고 합니다.

그러니까 이 젊은 백만장자들은 비트코인과 이더리움을 위시한 암호화폐의 가치가 (적어도 장기적으로는) 상승할 것이라는 굳건한 믿음을 갖고 있다는 뜻이겠지요.

반면, 연령대가 좀 높은 백만장자들은 암호화폐를 믿거나 투자할 가능성이 적은 것으로 나타났습니다. 같은 설문조사에 따르면 미국 백만장자의 83%는 암호화폐 자산이 전혀 없으며, 10명 중 단지 1명꼴로 자산의 10% 이상을 암호화폐로 보유하고 있습니다. 백만장자라도 암호화폐에 대해서는 세대 간의 시각 차이가 분명히 있음을 알 수 있죠.

설문조사를 실시한 스펙트럼 그룹(Spectrum Group)의 대표 조지 월퍼(George Walper)는 이런 요지의 조사 후기를 전하기도 했습니다. "젊은 투자자들은 크립토 시장이 잘 알려지지 않았을 때 일찍 뛰어들었습니다. 반면 베이비 붐 세대 투자자들은 '이게 합법인가요?'라는 질문부터 던졌습니다."

혁신을 바라보는 관점과 그에 적응하는 방식에 있어서 세대 차이는 NFT의 경우 훨씬 더 또렷하게 나타나는데요. 대부분의 백만장자는 NFT가 무엇인지 모른다고 했고, 3분의 1 이상은 NFT가 '과장된 유행'이라고 했습니다. 반면, 밀레니얼 백만장자의 3분의 2는 NFT를 '차세대 대세'로 인식했습니다.

또한, 밀레니얼 백만장자의 거의 절반이 NFT의 개념과 장단점과 시장과 전망 등등을 세세하게 공부했으며, 40%는 현재 NFT를 가지고 있지는 않지만 고려하고 있다고 언급했습니다. 반면, 베이비 붐 세대 백만장자의 98%는 NFT를 소유하지 않으며, 고려하지도 않는다고 밝혔습니다.

조지 월퍼는 "NFT는 최근에야 언론에 보도되기 시작했습니다. 기성세대는 NFT에 대한 이해가 뒤처져 있습니다."라고 말했습니다.

지금까지 우리에게 익숙했던 투자 상품은 주로 주식, 부동산, 채권, 펀드, 외환, 금, 원자재 등입니다. 그러나 최근 몇 년간 투자 상품으로서의 암호화폐는 괄목할 만한 약진을 이룩했습니다. 앞으로 몇 년 이내에 모든 세대에게 익숙할 뿐 아니라 사랑받는 투자 상품으로 등극할 가능성도 충분해 보입니다. 물론 기성세대의 투자자들은 아직까지 암호화폐를 쉽사리 받아들이려 하지 않습니다. 이를 법정화폐로 수용하는 나라도 있지만, 불법으로 규제하려 드는 나라도 적지 않습니다. 그러나 디지털 혁신의 정신과 탈중앙화의 요구는 시대의 흐름이고 나아가 투자의 트렌드입니다. 그 도도한 물결은 누구도 거부하기 어려울 것입니다. 엄청난 부의 기회가 바로 거기에 있기 때문이지요.

그렇기에 앞으로 세계를 이끌 주역인 MZ 세대는 암호화폐를 쌍수로 환영하고 있습니다. 기성세대의 우려에도 물론 귀를 기울여야 하겠지만, 무엇보다 미래의 주인인 젊은 세대가 생각하고 추구하는 바가 더 중요할 것입니다. 누가 뭐래도 암호화폐는 미래의 주요 투자 상품입니다. 그것도 시장의 엄청난 성장이 예상되는 투자 상품입니다.

02 암호화폐를 포용한 내로라하는 부자들

암호화폐의 세계에서는 하룻밤 사이에도 엄청난 부를 쌓을 수 있습니다. 또한, 이 시장의 승자는 과거의 부자와는 성격이 많이 다른데요.

이 역동적인 암호화폐 시장에서 어려움을 이겨내고 부자의 대열에 오른 사람들을 알아볼까요?

Ⓑ 조셉 루빈(Joseph Lubin)

▲ 출처: 조셉 루빈 트위터

순자산 가치: 10~50억 달러

이더리움(Ethereum)의 공동 창업자이자 이더리움 생태계의 '벤처 제작 스튜디오' 역할을 하는 컨센시스(ConsenSys)의 창업자입니다. 루빈은 로봇공학, 기계비전, 신경망, 소프트웨어 엔지니어링 분야에서 일을 시작했습니다. 골드만삭스 테크놀로지 부문 부사장을 지냈고 2013년 11월 비탈릭 부테린 등과 함께 이더리움을 설립했습니다. 2015년에는 컨센시스를 설립하여 블록체인 개발을 진행하고 있습니다.

₿ 앤서니 디 이오리오(Anthony Di Iorio)

▲ 출처: 디 이오리오 트위터

순자산 가치: 7.5~10억 달러

이더리움의 공동 창업자이자 억만장자입니다. 이더리움을 포함한 암호화폐 지갑 잭스(Jaxx), 블록체인 기업 디센트럴(Decentral)의 창업자이기도 하고요. 그 중 디센트럴은 가장 사용자 친화적인 비트코인 지갑 중 하나로 꼽힙니다.

현재는 무공해 차량 프로젝트를 지원하는 등 암호화폐 시장과 거리를 두고 있습니다.

₿ 브록 피어스(Brock Pierce)

순자산 가치: 7~10억 달러

암호화폐 초기 투자자로 이오스 얼라이언스(EOS Alliance), 블록원(Block.one), 블록체인 캐피털(Blockchain Capital), 테더(Tether), 마스터코인(Mastercoin)의 공동설립자이자 현재 비트코인 재단의 회장입니다.

▲ 출처: 브록 피어스 트위터

과거 아역 배우와 영화 제작자로 활동했으며, 게임 엔터테인먼트 회사, 온라인 비디오 스트리밍 회사 등 수많은 벤처 기업들을 공동창업한 이력도 있습니다. 또한, 블록체인·암호화폐 전문 컨설팅 및 투자 기업인 디엔에이(DNA)의 창업자이기도 합니다.

₿ 마이클 노보그라츠(Michael Novogratz)

▲ 출처: 로이터

순자산 가치: 7~10억 달러

크립토 업계 혁신을 재정적으로 돕는 갤럭시 디지털(Galaxy Digital)의 창업자 겸 대표이사(CEO)입니다. 이전에는 골드만삭스에서 파트너로 근무했으며, 포트리스 투자 그룹(Fortress Investment Group)에서 최고정보책임자(CIO)를 맡았습니다. 2007년과 2008년에는 포브스가 선정한 억만장자 중 한 명이기도 했죠.

일반적인 베이비붐 투자자들과 달리 선입견 대신 성장 가능성에 집중해 '미리 사 두자' 원칙을 지키고 성공을 거둔 분입니다.

⑬ 댄 래리머(Dan Larimer)

▲ 출처: 댄 래리머 트위터

순자산 가치: 6~7억 달러

'천재 개발자', '거물'이라는 수식어가 붙는 인물입니다. 비트코인 창시자 사토시 나카모토에게 비트코인의 기술적 문제를 건의했으나 받아들여지지 않자 비트셰어(Bitshares), 이오스(EOS), 스팀(Steem) 같은 새로운 암호화폐를 창시했습니다. 현재 네트워킹 플랫폼 클래리언(Clarion)의 CEO입니다. 아울러 합의 시스템, 검열로부터의 자유 등 블록체인을 통한 탈중앙화 실현에 가장 적극적인 인물 중 한 명입니다.

⑬ 발레리 바빌로프(Valery Vavilov)

▲ 출처: 발레리 바빌로프 미디엄

순자산 가치: 5~7억 달러

라트비아 출신으로 암호화폐 채굴 및 블록체인 솔루션 개발 전문 회사인 비트퓨리(BitFury)의 CEO입니다. 바빌로프는 비트코인 블록체인에 대한 보안과 신뢰를 확보할 수 있는 하드웨어 솔루션에 먼저 초점을 맞췄고, 5세대의 최첨단 채굴 칩과 데이터센터를 설계·개발했습니다. 현재 비트퓨리는 맞

춤 설계 소프트웨어, 컨설팅 솔루션, 고급 하드웨어 등의 사업을 전개하고 있습니다.

⑧ 찰스 호스킨슨(Charles Hoskinson)

▲ 출처: 찰스 호스킨슨 트위터

순자산 가치: 5~6억 달러

차세대 이더리움으로 불리는 카르다노(Cardano)의 공동 창시자입니다. 카르다노의 티커가 에이다(ADA)이기 때문에, 통상 에이다라고 불리기도 합니다. 2013년 댄 래리머와 함께 비트셰어를 만들었고, 2013년 말 비탈릭 부테린이 만든 이더리움의 CEO를 역임했습니다. 2015년 3월 제러미 우드(Jeremy Wood)와 함께 홍콩에서 IOHK(Input Output Hong Kong)를 설립하고, 카르다노 플랫폼 기반의 코인 카르다노(에이다)를 개발했습니다.

⑧ 브래드 갈링하우스(Brad Garlinghouse)

순자산 가치: 4~5억 달러

암호화폐 리플(Ripple)을 관리·운영하는 리플 랩스(Ripple Labs)의 CEO입니다. 다이얼패드 커뮤니케이션즈(Dialpad Communications)의 대표이사(CEO), 야후 수석 부사장을 역임했으며 AOL 소비자 애플

▲ 출처: 갈링하우스 트위터

리케이션 사장을 맡았습니다.

갈링하우스는 '리플은 기존 화폐의 보완재로서 빠르고 저렴한 송금을 실현 중'이라며 '송금 분야의 아이튠즈'를 포부로 밝히기도 했습니다.

ⓑ 비탈릭 부테린(Vitalik Buterin)

▲ 출처: 비탈릭 부테린 트위터

순자산 가치: 4~5억 달러

블록체인 기반의 암호화폐인 이더리움의 창시자입니다. 이더리움은 스마트 계약 기능을 구현했고, 다양한 토큰을 개발할 수 있는 플랫폼 역할을 하고 있습니다. 외모와 옷차림이 상당히 독특해서 '외계인'이라는 별명으로 불리기도 합니다.

03

2021년 포브스 선정 억만장자 리스트에 오른 암호화폐 12인

2021년 포브스가 세계 억만장자를 선정해 발표했는데요. 이중 암호화폐와 연관된 인물로는 12명의 억만장자가 목록에 이름을 올렸습니다. 이는 2020년의 4명보다 8명이나 증가한 수치인데요. 이 명단의 구성을 살펴보면 암호화폐 생태계가 어떻게 진화하고 있는지를 파악할 수 있습니다. 아래 각 개인의 '순자산 가치'는 2021년 3월 5일 기준입니다.

샘 뱅크먼-프라이드(Sam Bankman-Fried)

순자산 가치: 87억 달러

암호화폐 세계에서 가장 부유한 억만장자입니다. 29세의 MIT 졸업생으로 양적 거래 회사인 알라메다 리서치(Alameda Research)와 파생상품 거래소 FTX를 설립했습니다. 또한, 2020년에 조 바이든

(Joe Biden)의 대선 캠페인을 지원하는 '슈퍼 PAC'에 5백만 달러를 기부하여 대서특필되기도 했습니다.

▲ 출처: FTX 트위터

ⓑ 브라이언 암스트롱(Brian Armstrong)

▲ 출처: 블룸버그

순자산 가치: 65억 달러

코인베이스의 CEO이자 공동설립자로 암호화폐 투자의 붐으로 지난 1년간 6배 이상 재산이 증가했습니다. 코인베이스는 작년에 10억 달러 이상의 수익을 창출하면서 미국 암호화폐 거래소의 최고 자리를 굳건히 지켰습니다.

코인베이스는 2021년 나스닥에 상장되면서 크립토 시장의 성장을 이끌고 있습니다.

ⓑ 크리스 라슨(Chris Larsen)

순자산 가치: 34억 달러

리플 랩스의 공동 창업자이자 회장으로 리플 토큰의 가치가 치

솟으면서 8억 달러의 재산을 모았습니다. 또한, 30억 개 이상의 리플을 보유하고 있으며, 폐기물 이용 수소 생산 시설에 3,500만 달러를 기부하는 등 사회적 가치 실현에도 기여하고 있습니다.

▲ 출처: 리플 홈페이지

⑧ 캐머런 윙클보스, 타일러 윙클보스
(Cameron Winklevoss, Tyler Winklevoss)

▲ 출처: CNBC

순자산 가치: 각 30억 달러

올림픽에 출전하기도 한 쌍둥이 조정 선수입니다. 지금은 메타(Meta)로 이름을 바꾼 페이스북을 상대로 소송을 제기해 합의금으로 6,500만 달러를 받아 각 30억 달러의 재산을 만들었습니다. 이들은 2012년에 비트코인을 구매하기 시작했고, 암호화폐 거래소인 제

미니(Gemini)를 개설했으며, 디지털 아트 경매 플랫폼 니프티 게이트웨이(Nifty Gateway)를 인수했습니다.

₿ 마이클 세일러(Michael Saylor)

▲ 출처: 마이클 세일러 홈페이지

순자산 가치: 23억 달러

소프트웨어 회사인 마이크로스트래티지의 CEO로 초창기에 비트코인을 매입해 23억 달러 이상 부를 증식했습니다.

비트코인 낙폭이 컸던 2022년 1월 초에도 '비트코인은 인플레이션으로 인한 손실 방어에 가장 좋은 수단'이라면서 '절대 비트코인을 팔지 않겠다'고 밝히는 등 크립토 시장의 강력한 지지자 중 한 명으로 활약하고 있습니다.

₿ 제드 맥케일럽(Jed McCaleb)

▲ 출처: 스텔라 홈페이지

순자산 가치: 20억 달러

리플의 또 다른 공동 창업자인 맥케일럽은 리플 보유 물량 매도, 자신이 창시한 두 번째 암호화폐 스텔라루멘(Stellar Lumens)의 성장으로 부를 축적했습니다.

₿ 프레드 어삼(Fred Ehrsam)

▲ 출처: 포브스

순자산 가치: 19억 달러

2012년에 브라이언 암스트롱과 함께 코인베이스를 설립했습니다. 비록 2017년에 회사를 떠났지만, 아직 이사회 구성원으로 남아 있으며, 그가 가진 6% 지분 가치는 약 19억 달러입니다. 현재 어삼은 암호화폐 투자회사 패러다임(Paradigm)을 이끌고 있습니다.

₿ 자오창펑(趙長鵬, Zhao Changpeng)

▲ 출처: 자오창펑 링크드인

순자산 가치: 19억 달러

암호화폐 거래소 바이낸스(Binance)의 창립자입니다. 전 세계적인 암호화폐 투자 급증, 바이낸스의 가치 상승으로 부를 증식했으며 현재 바이낸스의 지분 90% 가량을 소유한 것으로 추정됩니다. 자오창펑은 한 인터뷰에서 록펠러가 그랬듯 부의 90% 이상을 사회에 환원할 뜻이 있다고 밝히기도 했습니다.

⑧ 배리 실버트(Barry Silbert)

▲ 출처: 배리 실버트 트위터

순자산 가치: 16억 달러

암호화폐 기업 DCG(Digital Currency Group)의 CEO입니다. DCG가 보유한 자산으로는 암호화폐 뉴스 사이트인 코인데스크와 440억 달러 규모 비트코인, 이더리움 등을 운용하는 자산운용사 그레이스케일(Grayscale)이 있습니다.

⑧ 매튜 로작(Matthew Roszak)

▲ 출처: 포브스

순자산 가치: 15억 달러

펀더멘털 투자의 정석 같은 인물 중 한 명입니다.

비트코인에 회의적 시각이 지배적이었던 2011년 백서를 통해 잠재력을 확인한 뒤 비트코인에 투자하고 15억 달러 이상 자산을 키웠습니다.

벤처 기업 투자, 소프트웨어 사업 등을 지속하고 있습니다.

₿ 팀 드레이퍼(Tim Draper)

▲ 출처: 팀 드레이퍼 트위터

순자산 가치: 15억 달러

'미래를 내다보는 벤처 투자자'로 유명한 인물입니다. 스카이프, 테슬라, 스페이스X 등 유니콘(기업 가치 10억 달러를 돌파한 신생 기업)을 초기에 알아보면서 명성을 쌓았습니다. 최근에도 엔지니어링 팀의 능력, 혁신적 운영 여부를 기준으로 암호화폐 테조스(Tezos), 아라곤(Aragon)에 투자하는 등 왕성한 활동을 이어가고 있습니다.

투자자의 구역으로 넘어오세요

경제의 장(場)은 크게 두 구역으로 나뉘어 있습니다. 한쪽에는 직장인, 자영업자가 있고요. 다른 쪽에는 기업가, 사업가, 투자자가 살아갑니다.

직장인이나 자영업자는 자기의 시간을 투자해서 기업가로부터 급여를 받거나 돈을 법니다. 기업가는 어떤가요? 이 사람들이 투자한 시간으로 자기 기업의 이익을 창출합니다. 그렇다면 투자자는 무엇을 할까요? 바로 기업에 투자함으로써 수익을 추구합니다.

그런 식으로 A와 B 구역을 나누어볼게요. 보통의 직장인이나 자영업자는 사실 B 구역으로 넘어가는 것이 매우 어렵습니다. 자투리 시간을 활용해서 가외의 일을 해야 하니까요.

그러나 B구역으로 가는 문이 굳게 닫혀 있는 것은 결코 아닙니다. A구역에서 평범하고 힘들게 산다 해도 충분히 B 구역으로 넘어 갈 수 있습니다. 어떻게 가능하냐고요? 현명하게 투자하면 됩니다. 앞서 소개 드린 인물들 가운데는 전문 투자자도 있지만 평범한 대학생, 직장인이었던 이들도 있습니다.

다만 남들보다 성공을 향한 의지가 컸고 매력적인 코인을 분별하는 눈이 있었기에 '초격차'를 만들 수 있었던 겁니다.

우리 돈패밀리를 비롯해 이 책을 읽으시는 분들 모두 삶을 바꾸고 B구역으로 넘어가지 말라는 법, 없습니다.

그럼 제대로 된 코인 투자를 위해 무엇을, 어떻게 분별하고 기억해야 하는지 본격적으로 짚어 보겠습니다. 준비되셨나요?

크립토 공포·탐욕 지수

　시장이 얼마나 공포 혹은 탐욕에 휩싸여 있는지 알 수 있는 지표 중 크립토 공포·탐욕 지수가 있습니다.

　공포·탐욕 지수가 갑자기 '극단적 탐욕' 수준으로 올라왔다면 단기적으로 보는 분들은 '익절'하는 방식으로 대응할 수 있습니다. 하지만 공포·탐욕 지수를 과대 해석해서 대부분의 포지션을 정리하는 것은 신중에 신중을 기해야 합니다.

　약세장이나 횡보장에서는 기회가 올 때 빠르게 수익을 실현하는 게 맞지만, 상승장 초입에서의 과한 매도는 가장 중요한 타이밍을 놓치는 결과로 이어질 수 있습니다.

　위의 차트는 2020년 10월 말 이후 비트코인 차트입니다. 공포·탐욕 지수가 76이었는데 하루 만에 90대로 올라간 뒤 95로 정점을 찍었습니다.

얼핏 보면 공포·탐욕 지수가 정점에 이르렀으니까, 가격이 더는 오르지 못할 것이라고 생각할 수도 있는데요.

사실은 공포·탐욕 지수가 가장 높았던 보라색 박스 구간에서 비트코인 가격이 가장 크게 상승했습니다. 즉, 비트코인 상승장에서 가장 큰 폭의 상승은 크립토 공포·탐욕 지수가 90 이상을 유지할 때 일어났다는 사실을 확인할 수 있습니다.

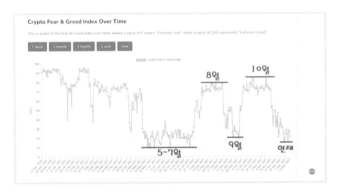

위의 그림은 2021년 크립토 공포·탐욕 지수 차트입니다. 지난 공포 구간에 기회를 살려 부분 매수한 분은 탐욕 구간에도 부분 매도의 기회를 살렸을 테고요. 이런 분께 2021년 12월~2022년 1월의 공포 구간은 오히려 좋은 매수 타이밍이 되는 겁니다.

하지만 2021년 7월 공포에 떨면서 매수하지 못한 분은 시장에 환희가 가득한 8월에 뒤늦은 추격 매수를 했을 거고요. 9월 조정에 물려서 10월 탐욕 구간에 매수한 뒤 연이은 조정 때 두려움에 시달리는 악순환에 빠졌을 것입니다.

여러분은 시장을 길고 넓게 보는 시야를 갖추셔야 합니다. 베테랑 트레이더조차도 한치의 틀림 없이 매수·매도 시점을 잡지는 못 합니다. 그건 인간의 영역이 아니거든요. 공포 구간에서 확신을 지키며 부분 매수하고, 탐욕 구간에서 미련 없이 부분 매도해야 합니다.

하지만 대다수 투자자들은 꼭 몇 번씩 최악의 선택을 합니다. 공포에 손절하고, 탐욕에 '몰빵'한 뒤 때늦게 후회하고 자기 합리화를 시도하느라 분주합니다. "이거 내 얘기잖아!" 하는 분들은 지금이라도 늦지 않았으니 반성하고 배우셔야 합니다.

세계 최고의 투자자들도 그 모든 실수와 번민의 과정으로부터 배우고 자기 개선의 노력을 게을리하지 않았기에 고수의 반열에 들 수 있었으니까요.

코인에도
펀더멘털이 있다

"장미에 왜 가시가 있냐고 불평할 수도 있다.

하지만 가시가 돋았는데도 예쁜 장미가 피었다며

기뻐할 수도 있다."

– 존 템플턴

01

훌륭한 투자 선생님, 경제 뉴스

결론부터 말씀드리면, 코인 투자에서도 역시 펀더멘털이 중요합니다. 펀더멘털은 근본, 기초를 의미하죠. 펀더멘털이 탄탄한 코인이 결국 상승하고 지속 가능성을 갖는 것입니다.

한편에서는 "코인에 무슨 펀더멘털이 있어? 코인은 실체도 없는데!"라고 비난하기도 합니다. 하긴, 주식처럼 사업장, 제품, 생산시설 등의 구체적인 뒷받침이 있는 건 아니죠. 그렇지만 백서, 개발자, 운영사의 투자 유치 실적 등 코인도 직접 확인 가능한 펀더멘털을 엄연히 갖추고 있습니다.

펀더멘털을 확인하는 첫 단계는 경제 뉴스, 코인 자체에 관한 뉴스를 팔로잉하고 시장이 어떻게 돌아가는지 그 추세와 흐름을 읽는 것입니다.

ⓑ 권위 있는 오피셜

현재 암호화폐 자체는 생활에 밀착해 있고, 자산 규모와 경제적 파급 효과가 모두 커지면서 성숙, 안정화 단계로 가는 중입니다.

▲ 빌 밀러 밀러밸류파트너스 파운더　▲ 엘살바도르에서 비트코인 ATM을 이용하는 모습(출처: 로이터)

'헷지 펀드의 전설'로 불리는 빌 밀러(Bill Miller)는 비트코인을 페라리, 금을 말에 비유하면서 암호화폐 거래소인 코인베이스 시가총액이 테슬라를 추월할 것으로 전망했죠. 뱅크오브아메리카(Bank of America; BoA)가 새해 들어 코인베이스 투자의견을 중립에서 매수로 상향 조정한 점, 소로스 펀드가 비트코인 포트폴리오를 구성한 점 역시 코인에 대한 금융시장의 신뢰와 긍정 평가를 보여주는 사례들입니다.

국가적으로도 암호화폐를 하나의 통화, 금융 자산으로 인정하기 시작했습니다. 엘살바도르는 비트코인을 법정 통화로 채택하고

400만 달러의 수익금을 동물병원 건립에 재투자하고 있습니다. 이는 다른 나라, 특히 개발도상국 중심으로 참고할 만한 본보기라 할 수 있습니다. 그뿐만 아니라 미국에 있는 자국 이주 노동자의 송금 수수료 문제, 저조한 투자 유치 등을 극복하는 대안으로도 비트코인이 꼽히고 있습니다.

엘살바도르는 오랜 내전으로 해외 이주 노동자가 많습니다. 2020년에 미국으로 이주한 엘살바도르 노동자의 본국 송금액은 약 59억 달러로 이 나라 연간 GDP의 24%에 달하는데요. 평균 2.85%에 달하는 송금 수수료가 만만찮은 부담이어서, 비트코인을 그 해법으로 택한 것입니다.

경제적 파급효과를 불러오는 대표적인 영역이 일자리인데요. 국제 노동 연구 기관 인디드 하이어링 랩(Indeed Hiring Lab)의 분석에 따르면 2020년 8월부터 이듬해 7월까지 11개월 사이에 블록체인·암호화폐 분야의 채용이 118% 늘었습니다. 이제 비트코인을 비롯한 암호화폐로 모든 물건을 구매하는 시대가 가까워지고 있습니다.

ⓑ 코인 개발 관련 뉴스

주식에 투자하려면 그 회사가 어떤 사업을 추진하는지, 최근 몇 년간 영업실적은 어땠는지, 경영진의 면면은 어떤지, 인적·물적 분할 등의 이슈가 있는지, 등등을 확인해야 하죠. 코인 투자도 다르지 않습니다. 어떤 코인이 언론에 새로 등장하는지, 어떤 코인 프로젝트가 진행되고 있는지, 등의 소식에 언제나 귀를 쫑긋 세워야 합니다. 그렇게 트위터나 인터넷 기사를 접하다 보면 코인 시장의 고유 용어가 많아 코린이들에게는 다소 어려울 수 있는데요. 그 중에서 하드포크, 에어드랍 두 개념을 짚고 갑시다.

▲ (출처: usehodl.com)

하드포크는 블록체인이 둘로 나뉘는 것을 뜻합니다. 비트코인에서 비트코인 캐시(Bitcoin Cash)와 비트코인 SV(Bitcoin SV)가 파생되어 나온 것이나, 이더리움에서 이더리움 클래식(Ethereum Classic)이 떨어져나온 것 등이 바로 하드포크의 결과물인데요. 우리가 돈가스를 먹을 때 쓰는 그 포크를 생각하면 이해하기 쉬울 겁니다.

하드포크는 주로 블록체인에 문제가 생겼을 때, 개발자 간 갈등으로 합의가 안 될 때 발생하는데요. 해킹 혹은 오류로 인한 하드포크는 큰 악재로 작용합니다. 하지만 가만히 앉아 있었는데 1+1의 보너스를 받는 거나 진배없다는 의미에서는 호재가 되기도 합니다.

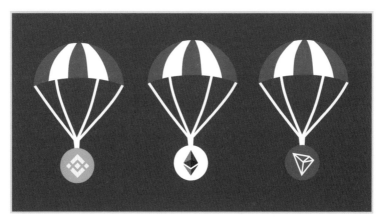

▲ 에어드랍

에어드랍은 하늘에서 코인이 떨어진다는 의미입니다. A라는 코인을 보유하고 있는데 새로운 토큰*이 드랍 되는 경우가 있죠.

> ☑ **토큰**
>
> 독자적 메인넷을 갖추지 못한 코인을 말합니다.

쎄타퓨엘(Theta Fuel)이 에어드랍의 대표적인 '대박' 사례입니다. 2019년 3월 쎄타퓨엘이라는 새로운 토큰의 에어드랍이 발표되었는데요. 쎄타 토큰 1개당 쎄타퓨엘 5개를 주는 1:5의 비율이었습니다.

가격대가 50원 정도에 머물면서 투자자들의 관심 밖에 있었던 쎄타 토큰은 에어드랍을 받기 위한 매수의 증가로 200원을 돌파하며 급상승을 기록했고요. 얼마 못 가서 오른 만큼 떨어졌지만, 투자자 유입에 성공했기 때문에 2만 원도 뚫는 코인으로 클 수 있었습니다. 코인의 성장, 가격 상승을 기대할 수 있는 이슈로 이해할 수 있겠죠.

⑤ 상장 소식

상장은 코인의 기본적인 신뢰성을 인증받는 과정이기 때문에 잠시 보였다 사라지는 수천 개의 '잡코인' 가운데 하나가 되느냐, 아니면 앞으로도 치열한 경쟁을 뚫고 치고 나갈 '알트코인'으로 자리잡느냐를 가르는 요인 중 하나입니다.

특히, 대형 거래소에 상장되면 더 많은 관심과 투자가 집중되기 때문에 상장은 가격 폭등을 만드는 호재 역할을 합니다. 가령 200원대에 불과했던 플레이댑이 코인베이스 상장을 앞둔 2021년 8월에 1,000원을 뛰어넘었고, 이후로도 시세분출을 보여준 것이 그런 사례죠. 2021년 10월에도 업비트에 누사이퍼(Nucypher)가 314원으로 상장되자마자 1만 원을 돌파했고요.

단, '상장 빔'에 넣 놓고 있거나 가격이 올라간다고 불나방처럼 마구 뛰어들어 매수하면, 꼼짝없이 물리고 시드가 삭제됩니다. 항상 냉정함을 유지하면서 공부해야 합니다.

상장 그 자체만 봐서는 안 되는 경우도 있습니다. 그런 예를 들어볼까요? 전설의 포켓몬을 닮은 '전설의 코인' 미스릴(Mithrill)이 바로 그것입니다. 2018년 4월 빗썸에 미스릴이라는 코인이 상장된다는 소문이 갑자기 퍼졌습니다. 그리고 상장 당일 250원에서 출발한 상장가는 몇 분 만에 4천 원으로 오르고 30분 만에 2만8천 원까지 110배 그야말로 '떡상'을 했습니다. 100만 원을 넣으면 1억 원이 되니 자기 원칙을 잘 지키던 분도 미스릴에 탑승하고 난리였죠.

그러나 고점을 찍은 지 1분 만에 가격은 1만 원으로, 2분 만에 4천 원으로, 마지막에는 700원대로 '떡락' 했습니다. 최초 가격이 250원이었는데 700원대니까 괜찮다고 잘못 받아들이는 분은 설마 없을 테죠? 상당히 극단적인 예이긴 하지만, 우리는 미스릴의 교훈을 되새겨봐야 합니다.

미스릴은 펀더멘털부터 빈약했습니다. 소셜미디어 플랫폼에서의 범용성 등 막연하고 구체적이지 않은 모델의 코인이었습니다. 그러니 거래소에 상장된다고, 가격이 눈에 띄게 오른다고, 자세히 알아보지도 않고 올라타는 실수를 하지 않길 바랍니다.

사람도 코인도
건강이 제일, 건전성

코인을 고르고 투자를 판단할 때 더욱 집중해야 할 핵심은 건전성과 미래 성장성입니다.

우리는 제2의 MAMAA(Microsoft, Apple, Meta, Amazon, Alphabet), 카카오, 네이버를 찾아야 합니다. 재무 상태가 어떤지, CEO가 누군지, 연결된 파트너사, 미래 수익모델 등은 어떤지, 파고들어야 합니다.

건전성이나 성장성이 담보된 코인은 차트의 법칙도 무시하고 로켓처럼 상승하는 힘을 갖습니다. 솔라나, 폴카닷(Polkadot), 샌드박스 등, 시총 상위 50위 안에 들어가는 코인 역시 처음부터 지금 같진 않았어요. 이들 모두 한때는 '잡코' 취급받으면서 투자하면 도박이라는 말까지 듣던 때가 있었습니다. 지금은 펀더멘털이 확보된 건실한 코인들이죠.

이처럼 탄탄한 코인을 무명일 때, 저점일 때 잘 매수하면 트레이딩을 따로 안 해도 어느 순간 가치가 상승해 있는 '인생 코인'을 가질 수 있습니다. 대표적으로 30원에서부터 3,590원 근처까지 상승한 카르다노의 비상을 기억하시기 바랍니다(카르다노이든, 다른 어떤 코인이든, 이 책에서 그 이름을 언급한다고 해서 그런 코인을 매수하라는 의견은 절대 아닙니다! 오해하지 않기 바랍니다).

건전성을 가늠할 때 눈여겨볼 것은 그 코인의 탄생 배경, 현재 시장에서 그 코인이 차지하는 위치, 기타 경제주체들과의 관계, 거기서 유추할 수 있는 성장의 전망 등입니다. 펀더멘털을 갖춘 코인은 말도 안 되는 '잡코'와 다릅니다. 이런 코인은 투자 백그라운드, 제휴 네트워크, 기술·경영 측면의 비전을 갖고 시장에 안착했음을 확인할 수 있습니다.

유니콘은 날 때부터 다르다: 미래 성장성

핸드폰이나 인터넷의 초창기를 기억하시는지요?

현재 코인 시장은 과거 모바일, IT 시장의 초기와 비슷하다고 볼 수 있습니다. 경쟁이 치열한 레드오션에서 기술력과 전략으로 우위를 점한 구글 등에 비유할 수 있는 코인이 있는가 하면, 블루오션을 열어서 독보적 지위를 획득한 아마존 같은 코인도 있습니다. 그렇다면 말이 나온 김에 아마존 얘기를 좀 더 해볼까요?

내로라하는 빅테크 기업들이 모두 스마트폰 경쟁 시장에 진입하려 각축을 벌일 때 아마존은 클라우드 컴퓨팅 서비스의 길을 갔습니다. 당시의 시각에서는 생뚱맞았죠. 하지만 NFT, 메타버스, P2E 등의 숨가쁜 성장으로 막대한 데이터의 저장 및 관리가 중요해진 현재, 아마존의 클라우드 서비스 플랫폼 AWS(Amazon Web Services)

는 이 분야의 선두 주자로서 굳건한 1등이 되어 있습니다.

아마존이 클라우드 분야 챔피언 자리에 오른 과정은 누가 두각을 나타내고, 경쟁에서 우위를 점하며, 이용자의 선택과 호응을 받는지를 보여준 과정이었습니다.

아마존뿐만이 아니에요. 성장 잠재력을 보유한 유니콘들의 공통점은 이처럼 아무도 해결하지 못한 문제의 해법을 제시함으로써 두각을 드러내고, 대체할 수 없는 기능성을 현실에서 보여줌으로써 경쟁력을 갖추며, 마침내는 기꺼이 투자할 만큼 성원을 보내는 팬을 확보했다는 데 있습니다.

비트코인으로 대표되는 크립토 시장 자체도 이런 문제의식에서 비롯되었습니다. "어떻게 컴퓨팅 과정에서의 문제를 해결할 것인가?"

개발자들이 처음 컴퓨팅(데이터 기록·저장·보안) 기술을 개발할 때, 소위 '비잔틴 장군의 문제'라는 난제를 만나게 됩니다. 이걸 쉽게 설명하자면 이런 내용입니다.

· 성을 둘러싸고 장군들이 '공격파'와 '후퇴파'로 분열됐다.
· 장군들은 서로 멀리 떨어져 있어 전령을 통해서만 메시지를 주고받을 수 있다.
· 도중에 메시지를 적에게 빼앗기거나 배신한 장군이 생기면 메

시지가 왜곡된다.
· 마침내 비잔틴 군대 모두가 피해를 입는다.

이걸 오늘의 현실에 적용하면 어떻게 될까요? 어떻게 해야 전 세계 다른 시공간에 존재하는 네트워크 이용자들을 한데 모으고, 합의된 네트워크를 만들 수 있을까, 하는 질문이 됩니다. 정부의 개입, 서버 운영사의 관리 등이 대안으로 나왔지만, 그 역시 나름의 문제점을 안고 있었습니다. 중앙화의 폐해, 즉 정치적 탄압에 취약하거나 중앙 서버가 해킹 또는 정전을 당했을 때 네트워크 전체가 피해를 보는 거죠.

여기서 블록체인이 등장합니다. "그렇다면 데이터를 체인처럼 연결된 이용자들에게 분산시키고 아무도 수정하지 못하게 만들자!"라는 아이디어가 바로 블록체인이니까요. 비트코인과 이더리움(작업증명), 카르다노(지분증명), 솔라나(역사증명)가 발전된 방안을 실현하면서 유니콘들이 뛰어놀 터전을 만들었습니다.

그리고 이 덕분에 금융 분야의 바이낸스, NFT 분야의 오픈시(OpenSea), P2E 분야의 애니모카 브랜즈(Animoca Brands) 같은 스타트업이 유니콘으로 비상했습니다. 업무 환경과 라이프스타일을 바꾸는 블록체인 베이스의 메타버스 유니콘도 조만간 나타나겠죠.

크립토 기업이나 코인 가운데 떡잎부터 다른 미래의 유니콘을 발견할 때, 속칭 '대박'의 기회가 여러분께 다가올 것입니다. 그럼 어떻게 '내일의 유니콘'을 찾을 수 있을까요?

제대로 높은 차원의 투자자로 자라고 싶다면, 각 코인의 백서(Whitepaper)라든가 블록체인 기업들이 제공하는 기술 설명을 볼 수 있어야 합니다.

이러한 정보는 코인의 홈페이지(코인마켓캡의 코인 각각 페이지나 구글링 이용해 확인) 또는 쟁글(Xangle)이라는 사이트에서 찾아볼 수 있습니다. 쟁글은 암호화폐 공시 플랫폼으로서 각 코인의 기술 정보, 김치 프리미엄, 52개 자체 기준에 따른 등급 평가 등을 투자자에게 제공합니다.

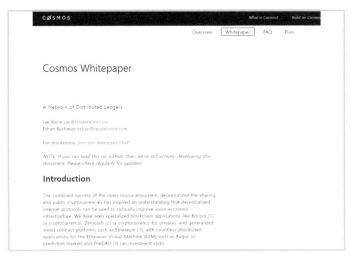

▲ 코스모스(Cosmos)의 백서. 백서는 홈페이지의 섹션, 문서 파일 형식으로 구성되어 있습니다.

그러나 웬만한 투자 고수가 아니라면 온갖 생소한 기술용어와 맥락으로 가득한 백서를 온전히 이해하기란 불가능에 가깝겠지요. 다른 방법이 있긴 합니다. 세계의 주요 암호화폐 운용사와 자산운용사들이 어디에 투자하는지, 그 포트폴리오를 확인하는 것입니다.

비트코인을 포함한 암호화폐들이 뿌리를 내리고 성숙기에 접어들면서 해외에서는 수억 달러의 자산을 운용하는 초대형 '크립토 벤처(CV)'들이 생태계에 활력을 불어넣고 있습니다. 투자 포트폴리오를 공개하는 CV 중 눈여겨볼 곳으로는 그레이스케일(Grayscale), 앤드리슨 호로위츠(Andreessen Horowitz), 판테라 캐피털(Pantera Capital), 알라메다 리서치(Alameda Research), 블록체인 캐피털(Blockchain Capital), 코인베이스 벤처스(Coinbase Ventures), 폴리체인 캐피털(Polychain Capital) 등이 있습니다.

▲ 코인마켓캡 사이트의 알라메다 리서치 포트폴리오

아울러 골드만삭스, 블랙록 등 일반 자산운용사들도 암호화폐 시장 투자를 확대하는 추세입니다. 또 CV는 아니지만 소프트뱅크 비전 펀드(SVF; SoftBank Vision Fund)나 삼성 넥스트도 국내외 코인에 활발히 투자하고 있습니다.

이들 운용사의 포트폴리오는 안정성, 기술 구현 능력, 시장 경쟁력을 높이 평가받은 코인, 기업들의 목록이라는 점에서 미래 성장성이 큰 곳을 분별하는 참고 자료로 활용하면 좋습니다.

코인에 관한 한 가장 폭넓고 충실하고 정확한 최신 통계자료를 제공하는 것으로 정평이 나 있는 코인마켓캡(CoinMarketCap) 같은 사이트를 자주 방문하십시오. 거기서 만나는 수치와 차트 등에서 현재 코인 시장의 큰 그림을 깨우칠 수 있을 뿐 아니라, DeFi, NFT, Metaverse 등으로 나뉘어진 분야를 들여다보면 어떤 코인들이 각 분야를 주도하고 있는지도 알 수 있습니다. 미래의 유니콘을 만나려면 그것에 걸맞은 정성과 노력을 들여야 하지 않겠어요?

04

그럼 지금까지 알려드린 요소를 중심으로 펀더멘털을 분석해봅시다. 예로 들 코인은 솔라나와 테라(루나)입니다.

ⓑ 솔라나

솔라나는 허가에 종속되지 않고 독립된 블록체인의 특성을 살려 탈중앙화 금융*을 제공하는 오픈소스 프로젝트입니다. 역사증명

✅ 탈중앙화 금융

은행, 금융사 등 중간 매개를 통하지 않고 자유 거래를 추구하는 금융 방식

과 지분증명 두 가지 방식이 있는데 처리 속도가 빠르고 수수료가 낮은 것이 특징입니다.

● 창시자와 파트너 관계

솔라나의 창시자는 아나톨리 야코벤코(Anatoly Yakovenko)입니다. 스마트폰의 사양을 꼼꼼히 보는 분은 스냅드래곤이라는 프로세서를 기억하실 텐데요. 야코벤코는 이 스냅드래곤을 만드는 글로벌 반도체 기업 퀄컴(Qualcomm)과 클라우드로 유명한 드롭박스(Dropbox)의 베테랑 엔지니어였습니다.

솔라나는 2020년 3월 출시 후 반년도 안 되어 투자자들의 주목을 받으며 성장하는데요. 바로 세럼과의 파트너십 때문이었습니다.

세럼(Serum)은 개인 대 개인의 탈중앙화 거래소인데 느린 처리 속도, 해킹 위험 등의 문제를 노출한 기존 거래소와의 차별화를 노리고 출범했습니다. 그래서 규모는 크지만 비교적 처리가 느린 이더리움이나 다른 코인들에 비해서 속도 면에서 강점을 가진 솔라나와 손을 잡았습니다.

▲ (출처: 서클(USDC 코인 발행사))

그리고 스테이블 코인[*] USDC 와도 파트너십을 맺으며 달러 현금을 확보하고 더욱 안정적인 기반을 갖추었습니다.

또 2021년 4월에는 ICO[*] 형태의 프라이빗 토큰 판매를 통해 앤드리슨 호로위츠(Andreessen Horow-itz), 멀티코인(Multicoin), 알라메다(Alameda), 폴리체인(Polychain) 등 쟁쟁한 투자사로부터 투자를 유치하는 데 성공했습니다.

> **⊘ 스테이블 코인**
>
> 달러 같은 법정화폐나 실물 자산과 가격이 연동되고 등락이 거의 없도록 설계된 코인. 코인 시장에서 현금과 같은 역할을 합니다.

> **⊘ ICO**
>
> Initial Coin Offering의 약자. 초기 코인 공개라고도 합니다.
> 개발 자금을 투자한 투자자에게 코인을 제공하는 것을 뜻합니다.

● **솔라나의 기술적 특장점**

이더리움을 비롯한 다른 코인들과의 기술적 차이를 좀 더 알아보죠. 솔라나는 1초에 65,000개의 트랜잭션(거래)을 처리할 수 있지만, 이더리움은 15개에 불과한 한계를 드러내고 있습니다. 거래 지연 시간도 이더리움은 최대 5분이지만, 솔라나는 0.4초밖에 되지 않아요. 그런데도 수수료는 이더리움은 15달러인데 비해 솔라나는 0.0015달러로 훨씬 저렴하니 투자자들이 주목할 수밖에 없죠. 솔라나는 코인 시총 8위(2022년 1월 기준)로 팬층을 확보하며 순항하고 있습니다.

	Solana	Ethereum	Binance Smart Chain	Polkadot	Cardano	Tron
초당 트랜잭션	65,000	15	100	1,000	270	1,000
트랜잭션당 수수료	$0.0015	$15	$0.01	$1	$0.25	무료
트랜잭션 지연 시간	0.4초	5분 이내	75초	2분	10분	3초

● 단단한 기반, 커지는 생태계

펀더멘털이 튼튼하면 개인 투자자가 갖는 불안과 거부감도 줄어듭니다. 따라서 스테이킹* 규모가 크다면 코인의 건전성(안정성)과 투자 유입 사이에 선순환이 잘 이루어진다고 볼 수 있는데요. 솔라나는 2022년 1월 현재 스테이킹 비율이 76%에 달해, 모든 코인 중에서 가장 높습니다.

> ✓ 스테이킹
>
> 스테이킹은 말뚝을 박는다고 이해하면 쉽습니다. 보유한 코인 일부를 지분으로 고정시키고 보상을 받는 거래 방식입니다.

다음은 2020년과 2022년 솔라나를 기반으로 뭉친 곳을 모아놓은 두 도표입니다. 표를 통해 솔라나의 성장세를 한눈에 확인할 수 있습니다.

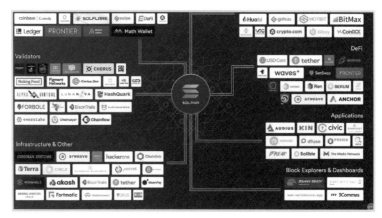

▲ 2020년 솔라나의 생태계

▲ 2022년 솔라나의 생태계

ⓐ 테라·루나

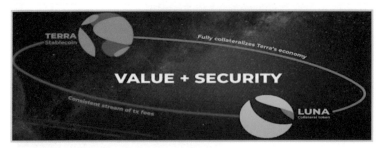

▲ (출처: blog.bitnovo.com)

테라·루나는 폴카닷, 도지 등을 제치고 현재 코인 시총 9위에 올라 있습니다. 스테이블 코인 테라와 스테이킹 토큰인 루나는 상호 보완 관계로 엮여 있는데요. 테라는 현금처럼 현실 시장에서 거래 수단으로 쓸 수 있고, 루나는 테라 활용도가 커질수록 더 높은 가치를 갖는 토큰이라고 보면 됩니다.

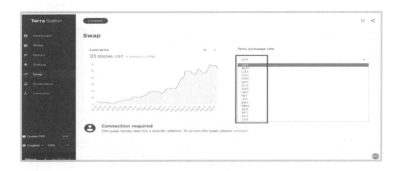

위 그림은 루나 스테이킹, 루나와 테라 전환을 할 수 있는 테라 스테이션의 화면입니다. UST(미국 달러와 연동된 테라), KRT(한국 원화

와 연동된 테라) 등을 선택해 루나와 테라를 바꿀 수 있습니다. 이렇게 전환이 가능한 고유 시스템은 투자자 친화적인 기능을 갖는 동시에 테라 생태계로의 현금 유입, 펀더멘털 강화를 가능하게 합니다.

● 창시자와 테라의 비전

테라·루나는 이커머스 플랫폼 티몬을 세운 신현성과 마이크로소프트, 애플의 소프트웨어 엔지니어 출신 권도형이 공동으로 창시했습니다.

신현성 대표는 티몬을 경영하면서 지출 구조 개선, 마케팅 이벤트 확대 등 기업과 고객의 윈-윈을 위해서는 카드사, PG사(결제대행사)에 내는 중개 수수료 절감이 필요하다는 인사이트를 얻었다고 하는데요. 그래서 중개인이 필요 없는 블록체인, 가격 변동이 거의 없는 스테이블 코인의 장점을 모은 서비스를 선보이고자 코인 시장에 뛰어들었다고 밝혔습니다.

다만 테더와 유에스디 코인(USDC) 등, 기존 스테이블 코인은 수조 원을 담보로 은행에 맡겨야 하고 보관 주체(은행)의 도덕성, 보안 능력에 의지해야 하는 약점이 있습니다. 그래서 신현성 대표는 기존 금융에 의존하는 대신 코인 가치 조절·유지의 알고리즘을 보여주는 새 방식을 가치 입증 방법으로 택했고요.

간편결제 서비스 차이(CHAI) 등 국내·외 제휴사와 테라 얼라이언스를 구축해 페이 앱 사용자, 투자자, 그리고 중개인 없는 편의성을 선호하는 블록체인 개발자의 생태계를 만들고 금융 혁신, 시장 혁신을 이끈다는 것이 테라·루나의 비전입니다.

▲ 테라·루나의 생태계

펀더멘털을 확인할 때 함께 기억할 점은 '영원한 건 절대 없다'는 것입니다. 시장은 여러 요소의 상호작용으로 움직이기 때문에 호재로 인해 펀더멘털이 좋아질 수도, 악재로 인해 펀더멘털이 붕괴될 수도 있습니다. 위의 예시로 든 코인들도 예외는 아닙니다. 항상 입체적으로 바라보고 코인의 움직임을 잘 주시하는 관찰자가 되어야 합니다.

코인의 펀더멘털을 확인하기 위해
봐야 하는 요소

❶ 코인의 시가총액, 유통량

암호화폐 정보 사이트 코인마켓캡에서 각 코인의 시가총액, 유통량을
확인할 수 있습니다.

▲ 코인마켓캡

❷ 코인 관련 유명 인사 트위터와 국내외 커뮤니티 반응

상장이나 하드포크 같이 코인 자체를 둘러싼 이슈, 미국 연준의 발표
등 거시경제 이슈는 말할 것도 없고, 코인 관련 유명 인사(코인 CEO, 개발진,
'큰손' 투자자)의 발언이 있을 때 투자자들이 어떻게 움직이느냐 하는 것까
지 살펴볼 필요가 있습니다. 혹시 유명 인사라고 하면 일론 머스크만 떠
오르나요? 특히, 눈여겨볼 사람에 대해서는 바로 앞 3장에서 정리해 놓
았습니다.

❸ 관련 언론 보도, 호재와 이로 인한 시세 변화

바쁜 시간을 쪼개서라도 뉴스를 꾸준히 봐야 합니다. 경제 신문·방송·인터넷 기사는 기본을 다지고 시야를 넓혀주는 투자 선생님입니다. 무엇보다 시장 안팎에서 벌어지는 사건은 코인의 가치, 가격과 직결되기 때문에 뉴스를 팔로우하지 않고 투자를 해서는 안 됨을 기억하세요.

❹ 해당 코인과 관련된 기업 파악(CEO, CTO, CSO와 이사진 등 인적 구성까지)

의료 분야 암호화폐인 메디블록(Medibloc)의 경우 두 명의 공동 CEO가 전문의 출신 개발자입니다. 사업 모델, 비전이 불확실한 코인은 대표, 이사진의 경력부터 빈약하거나 홈페이지·SNS 접속이 안 되는 경우도 있습니다. 개발·운영 역량이 어느 정도인지 대략적으로 파악할 수 있죠.

아울러 시총 상위에 오르고 안정을 이룬 코인은 대형 투자사, 대기업, 관련 있는 기업과 파트너인 경우가 많습니다. 가령 NFT나 메타버스 분야의 코인인데 실제로 NFT 관련 기업들과 제휴하고 실적을 가졌다면 앞으로의 가능성을 높이 평가할 수 있겠죠.

❺ 과거의 상승과 하락, 정말 어떤 일이 있었는지

가격이 오르거나 내리더라도 그 패턴은 모두 다릅니다. 몇 달에 걸쳐 서서히 하락하는 게 아니라 1분 만에 갑자기 파랗게 내려가는가 하면, 오르더라도 급등이 아니라 며칠째 지속해서 상승하기도 하죠. 오르고 내리는 차트의 모양과 뒤에서 설명할 지표, 데이터 요소를 노트에 기록하는 습관을 들이길 추천합니다.

옵션만기와 맥스페인(MAXPAIN)

투자 시장은 어느 한 방향성에 과도하게 힘이 모이면 힘의 균형을 비슷하게 맞추려고 하는 경향이 있습니다. 아주 쉽게 표현해볼게요. 예를 들어 가격이 지나치게 오르면, 반드시 그걸 하락시키려는 힘이 생겨나게 마련이라는 뜻입니다. 이러한 과정을 조정이라고 부르는데요. 비트코인의 조정은 옵션 만기의 맥스페인(MAXPAIN)과도 상관관계가 있습니다.

비트코인 옵션 거래는 본인이 선택한 날짜에 비트코인이 얼마가 될지 맞추는 거래입니다. 그리고 그런 베팅에 대한 정산이 이뤄지는 날이 바로 옵션 만기일입니다.

옵션 거래에는 콜옵션과 풋옵션이 있습니다. 콜옵션은 비트코인 상승에, 풋옵션은 비트코인 하락에 베팅하는 것입니다.

그렇다면 무조건 콜옵션이 많으면 비트코인이 상승하고 풋옵션이 많으면 비트코인은 하락할까요?

투자 시장의 움직임은 그리 단순하지 않습니다. 너무 많은 이들이 특정 방향에 베팅하면, 그들에게 피해를 주는 방향 또한 발생합니다.

여기서 맥스페인이 발생합니다. 맥스페인이란 옵션 만기 시 가장 많은 포지션을 가진 보유자에게 최대 피해를 입힐 수 있는 가격을 가리킵니다.

초록색 선이 비트코인 가격이고, 계단식으로 표시되어 있는 선이 바로 옵션의 맥스페인 가격을 보여주는 추세선입니다. 2021년 초에도 옵션 만기인 매월 말에 맥스페인에 근접하는 조정이 있었다가 다시 상승을 이어 갔습니다. 그리고 그런 양상은 비트코인 가격이 횡보를 끝내고 다시 상승하기 시작한 2021년 8월 이후로도 나타났습니다.

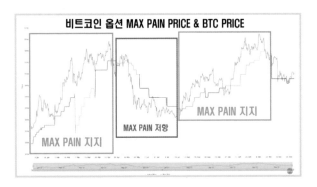

위의 맥스페인 가격과 비트코인 가격을 통해 우리는 한 가지 인사이트를 얻을 수 있습니다. 바로 맥스페인이 지지선, 저항선 역할을 한다는 점입니다.

상승세가 강했던 2021년 4월 말까지는 맥스페인 가격이 비트코인 가격을 지지해주는 모습이 나타났습니다. 그러다가 5월 중순 이후 비트코인 가격이 맥스페인 가격보다 낮아져서 오히려 맥스페인 가격이 저항선 역할을 했습니다. 7월 말 이후로는 다시 상황이 바뀌어 맥스페인 가격이 비트코인 가격을 지지해 주었고요.

결국 비트코인 옵션 만기와 맥스페인 가격을 통해 어떻게 대응할지 시나리오를 만들 수 있습니다.

2021년 12월 31일 만기된 옵션의 맥스페인 가격은 48,000달러였습니다. 당시 비트코인 가격이 48,000달러보다 높다면 맥스페인 가격까지 하락할 가능성이 있고, 반대로 48,000달러보다 비트코인 가격이 낮다면 맥스페인 가격까지 상승할 가능성이 있다고 해석할 수 있습니다.

이렇게 옵션 만기와 맥스페인 가격을 통해 만기일 전후 변동성에 대비할 수 있고, 가까운 시일 내 조정 가능성을 알아볼 수 있습니다.

호구 잡히지 않고
타이밍 잡는 법

"투자자가 대중의 히스테리에 파묻히지 않으려면

훈련을 해야 하며, 냉정하다 못해 냉소적이어야 한다."

- 앙드레 코스톨라니

01 기관이 들어오는지 보자

▲ 워런 버핏 버크셔해서웨이 CEO(출처: CNBC)

2020년 6월 비트코인 시장에 파장을 일으킨 뜻밖의 사건이 있었습니다. 워런 버핏의 버크셔 헤서웨이(Berkshire Hathaway)가 브라질 핀테크 기업 누뱅크(Nubank)에 5억 달

러를 투자한 것입니다. 누뱅크는 디지털 투자 플랫폼 이지엔베스트 (Easynvest)를 인수해 비트코인에 적극적으로 투자하고 있습니다. 비트코인에 비판적인 입장을 이어온 워런 버핏이 비트코인을 산 것과 다를 바 없는 투자였죠.

한편 2,500조 원 운용자산사인 캐피털 그룹의 계열사 캐피털 인터내셔널 인베스터즈(Capital International Investors)는 마이크로스트래티

> ⊘ **블랙록(BlackRock)**
>
> 운용 자산(AUM) 기준 세계 최대 자산운용사

지 지분 12%를 취득하며 2대 주주에 올랐습니다. 마이크로스트래티지는 회사채까지 발행하는 등 비트코인에 공격적 투자를 하는 회사로 블랙록*이 지분 14%를 가진 최대주주입니다.

이처럼 굴지의 운용사들도 비트코인 가격이 폭락하거나 시장이 무너지면 망할 수밖에 없는 기업임에도 투자를 계속한다는 점을 주목할 필요가 있습니다.

기관의 움직임을 쉽게 파악할 수 있는 지표로는 글래스노드라는 플랫폼에서 제공하는 CDD(Coin Days Destroyed)가 있습니다.

일반적으로 기관과 '큰손'들은 자신의 판단과 신뢰를 바탕으로 하여 중-장기적으로 투자하는 경향을 보이는데요. CDD가 높다면 '파괴된' 지갑이 많다는 것이니 코인의 거래량과 손익 실현이 많다

고 볼 수 있습니다. 반면 CDD가 낮으면 '파괴된' 지갑이 적고 그만큼 해당 코인에 대한 신뢰가 계속되고 있음을 의미합니다.

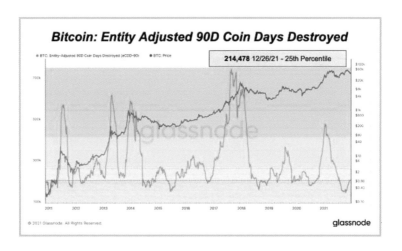

이 차트는 2021년 7월 말 이후 비트코인 가격이 전고점을 돌파하는 중에도 90일 CDD가 매우 낮음을 보여줍니다. 비트코인이 등락을 거듭하는 것과는 별개로 시장의 신뢰, 홀딩 의지가 굳건함을 확인할 수 있습니다.

도미넌스와 테더 지수

도미넌스(dominance)는 '우세, 지배, 압도' 등을 뜻하는 단어인데, 여기서의 의미는 '비중'입니다. 머릿속에 그림을 그릴 수 있도록 배달음식에 빗대어 설명해 보겠습니다.

제가 질문을 하나 드릴게요. 피자와 치킨 중 어느 쪽이 더 인기 있을까요? 떠오르는 게 있겠지만 그 근거가 단지 느낌이라면 투자자로서 좋은 자세는 아닙니다. 평소에도 데이터로 판단하고 생각하는 습관을 들여야 투자 성공 확률을 높일 수 있습니다.

저희 크립토분석팀이 네이버 데이터랩을 통해 지난 7년간 (2016.1~2022.1) 피자와 치킨의 검색량을 비교한 결과, 인기는 치킨이 확실히 더 많지만, 다른 배달음식과의 격차가 조금씩 줄어들고 있음을 확인할 수 있었습니다.

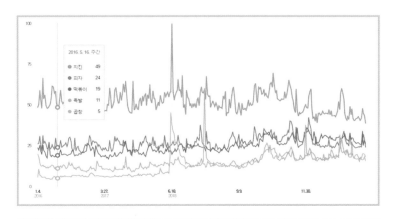

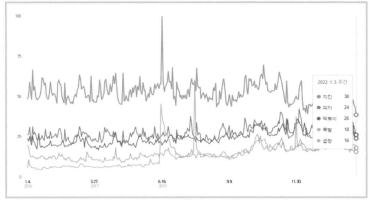

　　차트에 표시된 각각의 선은 대표적인 배달음식 다섯 가지(치킨,
피자, 떡볶이, 곱창, 족발)의 검색량입니다. 2022년 1월 차트를 보면 떡볶
이, 곱창, 족발이 꾸준히 상향하고 있고 특히 떡볶이는 피자를 누르
며 새로운 2인자로 치고 올라왔습니다.

이 그래프를 파이 차트로도 살펴볼까요?

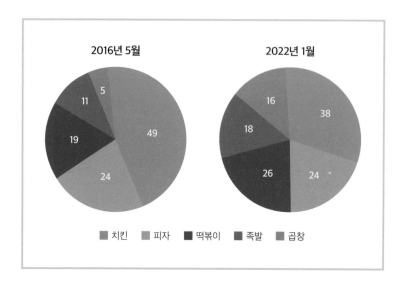

이 차트를 요약한다면 '치킨 도미넌스가 하락하고 떡볶이 도미넌스가 상승해 시장에서 2위 비중을 차지했다'고 정리할 수 있습니다. '도미넌스=비중'이라는 의미와 도미넌스를 어떻게 활용할지가 이해되나요?

결국, 비트코인 도미넌스, 혹은 어떤 코인의 도미넌스는 해당 코인이 코인 시장에서 차지하는 비중이라는 뜻입니다.

비트코인 도미넌스는 비트코인이 시장의 절대 강자였던 2017년 3월까지는 90% 위에서 줄곧 유지됐습니다. 그러다 이더리움을 비롯해 경쟁력 있는 코인들이 나온 2018년 1월에는 36%까지 떨어졌는데요.

이후 여러 알트코인의 상장폐지, 비트코인을 중심으로 한 몇 번의 상승장을 계기로 70% 선을 회복했다가 지금은 다시 축소된 상태입니다. 즉, 비트코인 도미넌스는 확인 시점의 시장에서 비트코인과 알트코인 중 무엇이 강세이고 그 이유가 무엇인지 공부하는 계기와 시야를 가질 수 있게 돕는 지표입니다.

그렇다면 상승 또는 하락일 때 해석하고 대응하는 방법을 좀 더 짚어보겠습니다.

우선 비트코인 도미넌스는 상승하는데 비트코인 가격이 떨어질 때가 있습니다. 암호화폐 시장에 큰 악재가 생겼거나 시장 전체가 고점을 찍은 경우인데요. 이때는 리스크(위험 가능성)가 큰 알트코인들을 먼저 매도하고 정리하는 게 안전한 대응 방법입니다.

그 반대의 경우는 어떨까요? 그러니까, 비트코인 도미넌스는 하락하는데 비트코인 가격이 오를 때입니다. 주로 암호화폐 시장 전체가 상승세인 가운데 리스크가 큰 알트코인의 가격이 급등하는 경우일 테지요. 이럴 땐 좀 더 큰 수익을 기대하고 알트코인을 더 매수할 수 있습니다.

비트코인 도미넌스	비트코인 가격 추세	알트코인 가격 추세	신호
상승	상승세	하락세	비트코인 매수
상승	하락세	급격한 하락세	알트코인 매도
상승	보합세	보합세(매집기)	
하락	상승세	급격한 상승세	알트코인 매수
하락	하락세	보합세	비트코인 매도
하락	보합세	상승세	

위의 표는 비트코인 도미넌스와 비트코인·알트코인 가격에 따른 대응 방향을 정리한 표입니다.

더 나아가 비트코인 도미넌스의 고점, 저점을 예상하고 움직이는 방법도 있습니다.

비트코인 도미넌스
(2014년 4월 ~ 2022년 1월)

현재 주요 알트코인들은 대체로 튼튼하고 매력적인 펀더멘털을 갖추고 있습니다. 2017년 이전의 초창기처럼 비트코인 독주 시대가 될 수는 없다는 뜻이죠. 그러므로 앞으로 비트코인 도미넌스가 전고점 73%에 가까워지면 73%를 뚫고 절대적 비중을 다시 갖긴 어렵다고 예상해 알트코인에 투자하는 방식을 예로 들 수 있습니다.

그 반대로 비트코인 도미넌스가 저점인 36%까지 떨어진다면 '그래도 비트코인은 죽지 않는다'고 판단해 오히려 비트코인을 매수할 수 있겠죠. 다만 정확하게 이해하고 활용해야 하는 점 기억하기 바랍니다.

'비트코인 도미넌스와 비트코인 가격 동반 상승의 결과로' 알트코인이 하락한다고 말하는 사람들이 있습니다. 하지만 여기서 제대로 이해해야 할 차이가 있습니다.

도미넌스라는 것은 코인의 가격이라기보다, 비트코인 및 알트코인의 '시총(시가총액)'이 상호작용하면서 정해진다고 말해야 정확합니다. 아울러 코인 자체의 정보를 비롯한 여러 소스와 함께 판단할 때 제대로 된 투자를 할 수 있습니다.

이쯤 되면 도미넌스를 잘 이해했을 테니 유용한 도미넌스를 하나 더 소개하겠습니다. 바로 테더 도미넌스입니다.

테더 도미넌스(테더 지수)의 테더는 비트코인과 같은 암호화폐를 구입할 때 현금 대신 쓰이는 스테이블 코인입니다. 한국에서는 원화를 대가로 직접 코인을 구입하기도 하지만, 해외에서는 일반적으로

스테이블 코인을 코인 구입의 대가로 지불합니다. 따라서 '테더=현금'이라고 생각하면 됩니다.

그럼 테더 도미넌스의 상승은 어떤 의미일까요? 네, 맞습니다. 코인이 테더로 전환됐으며, 테더가 많이 풀리고 시장 비중이 커졌다는 뜻이죠. 코인들을 파는 매도세가 강함을 의미합니다.

반대로 테더 도미넌스 하락은 테더가 다른 코인으로 전환되고 시장에 풀린 테더가 줄었다는 것이니 테더를 이용한 코인 매수세가 강함을 확인할 수 있습니다.

위 차트는 테더 도미넌스와 지지선 차트입니다. 지지선의 개념은 본 장의 마지막에 알려드릴 텐데요. 테더 도미넌스가 지지선을 돌파하고 급락한다면 코인 수요 폭발에 따른 '불장'이 올 가능성이 높다는 뜻이니, 미리 준비해야 합니다.

구글 검색량 분석

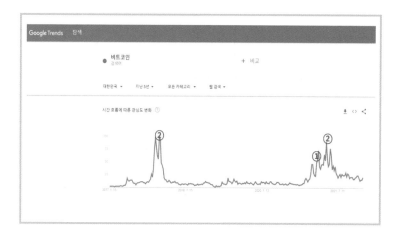

검색량과 관심도는 '인간 지표'로서 이해할 수 있습니다.

위의 차트를 볼까요? 비트코인이라는 검색어로 검색한 양의 추이를 보여주는 차트입니다. 여기서 ①이 작년 2월이었고 왼쪽, 오른쪽의 ②가 2017년과 2021년 '불장' 때입니다. 검색량이 ① 정도 올라갈 때 숫자로는 65~70, '불장'인 ② 시점에는 90 이상이 찍히는데,

숫자가 높을수록 시장이 호황으로 간다고 볼 수 있습니다.

왜냐하면 사람들의 관심은 돈이 흘러 들어가는 곳으로 몰리기 때문이죠. 정말 그런지 검색어 NFT로도 한 번 확인해 보겠습니다.

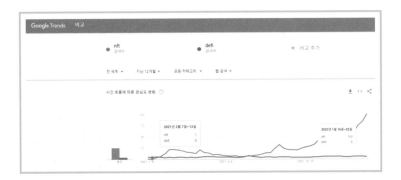

2021년 2월 NFT 검색량은 디파이 검색량의 20%에 불과했습니다. 그런데 이후 NFT에 대한 관심이 급상승하더니 2022년 1월이 되자 디파이 검색량의 약 20배까지 올랐습니다.

NFT가 이처럼 각광 받는 가장 큰 이유 중 하나는 게임입니다.

대퍼랩스(Dapper Labs)는 플로우(Flow) 코인을 만든 곳으로 유명하지만, 'NBA탑샷'으로 2억 달러 이상의 매출을 올려 주목받았습니다. NBA탑샷은 카드 트레이딩을 통해 NBA 선수 카드를 수집하는 게임인데요. 모든 카드는 NBA 공식 허가를 통해 가치가 보장되고 게임 내 시장에서 실제 영상 카드로 거래할 수도 있습니다. 세상 하나뿐인 하이라이트 영상을 소유할 수 있다면 팬들의 구매 동기와 지불 금액이 그만큼 커지는 것이 자연스럽죠.

액시 인피니티(Axie Infinity) 또한 매출 전고점 경신과 검색량이 '커플링'하는 모습, 즉, 함께 움직이는 모습을 볼 수 있었습니다. P2E 비즈니스 모델이 잘 작동하며 경쟁력을 갖추었음을 보여준 사례입니다. [국내에서는 이 코인의 이름을 '엑시인피니티'로 표기하는 경우도 있지만, 여기서는 정확한 발음을 좇아 '액시 인피니티'로 적음_편집자주]

국내 기업들도 물론 이런 흐름을 놓치지 않고 있습니다. 가령 엔씨소프트는 올해 NFT 기반의 P2E 게임 출시 계획을 밝혔습니다. 그리고 넷마블은 NFT 전담 연구개발 조직을 만들었습니다.

여러분도 호재가 있을 때 검색량과 시장이 움직이는 경향을 같이 확인하며 흐름을 잘 따라가는 투자자가 되길 바랍니다.

상대적 미실현 손익 곡선

상대적 미실현 손익 곡선은 시장 가치와 수익 실현된 가치 간의 차이를 보여주는 자료입니다.

위 차트에서 진홍색 선이 미실현 손익 곡선이며, 이 곡선이 어느 영역에 어떤 식으로 들어가는지를 통해 시장의 투자심리를 파악할 수 있습니다.

제일 위의 분홍색 영역은 시장이 환희를 느끼는 구간입니다. 실제 가치보다 시장 가치가 매우 고평가된 상태이며, 강력한 매도 구간으로 해석할 수 있습니다.

다음 주황색 영역은 시장이 탐욕을 느끼는 구간으로 일반적인 매도 구간입니다.

연한 노란색 영역에 대한 해석은 시장 사이클에 따라 갈리는데요. 상승 사이클일 때 시장은 낙관적이고, 하락 사이클이라면 시장은 부정적입니다.

흰색 영역은 상승 사이클에서는 시장의 희망, 하락 사이클에서는 시장의 공포를 나타냅니다.

마지막 초록색 영역은 커피출레이션(Capitulation) 영역입니다. 본래 '항복'을 뜻하는 단어인데요. 투자자들이 가격 하락을 견디지 못하고 손절매하는 단계이며, 매수를 노려봐야 하는 구간입니다.

그럼 조금 더 자세히 살펴보겠습니다.

1번 박스는 2013년 상황입니다. 2013년 3월 시장은 환희 구간에 들어갔다가 3개월 후 공포 구간을 터치하고는 급등세에 이어 연말에 신고점을 찍었습니다.

2번 박스는 2015년입니다. 2013년 말 고점 이후 이어진 하락장이 끝나고 다시 상승장에 들어선 때가 바로 2015년입니다.

3번 박스는 2018년 후반부터 2019년 중반까지를 보여줍니다. 이때도 시장은 하락장에서 상승장으로 전환되었습니다.

4번 박스는 2020년 코로나 발생 시기입니다. 이 지표도 각 영역에 들어가는 그 자체보다는 곡선이 상대적으로 어떤 형태를 보이느냐에 초점을 두고 해석할 수 있어야 합니다.

위의 차트에서 파란색으로 표시된 각 구간의 공통점이 보이나요?

전고점을 찍은 이후 비트코인 가격과 미실현 손익 곡선은 함께 하락하게 됩니다. 이때 비트코인 가격 하락 폭보다 미실현 손익 곡선 하락 폭이 일정 비율로 더 크게 벌어짐을 확인할 수 있습니다.

그러다 비트코인 가격 급락이 발생하고, 이때 비트코인과 상대적 미실현 손익 곡선은 엄청난 격차로 벌어집니다. 하락장이 상승장으로 전환되는 시기에 이런 상황이 늘 발생했습니다.

차트 오른쪽 빨간색 5번 박스는 2021년 7월 전후의 오르내림입니다. 5월의 하락과 함께 미실현 손익 곡선도 내려왔지만, 이 정도 하락이 시장의 공포, 커피출레이션을 유발한 것일까요? 만약 그렇다면 미실현 손익 곡선은 곧바로 치고 올라갔어야 합니다.

그러나 컨솔리데이션(6장에서 자세히 설명할 예정입니다) 구간에 들어서면서 비트코인 가격, 미실현 손익 곡선이 함께 서서히 떨어졌죠.

상승장 진입은 모두에게 희소식이지만, 단기적 하락에 대한 대비도 필요합니다. 그 위험에 대비함으로써 우리는 훨씬 낮은 평단가로 상승장에 진입하는 기회를 잡을 수 있습니다.

05

RSI

'상대강도지수' 쯤으로 번역할 수 있는 RSI(Relative Strength Index)는 가격 움직임의 강도를 측정하는 지표입니다. 코인 가격이 상승하거나 하락할 때 얼마나 강하게 상승 또는 하락하는지를 볼 수 있는데요. 보통 RSI가 70을 넘으면 과매수, 50 내외는 보통, 30 이하는 과매도 상태를 나타냅니다.

그렇다면 우리는 이 RSI를 어떻게 해석하고 투자에 적용할 수 있을까요? 약간의 상상력이 필요하겠지만, 다음 투자자들의 통찰을 잘 곱씹어보면 답을 찾을 수 있습니다.

▲ 출처: CNBC

"시계추는 한쪽 끝을 향해 계속 움직일 수 없고, 끝에 영원히 머물러 있을 수도 없다."

_하워드 막스(Howard Marks, 오크트리캐피털 회장)

▲ 출처: 로이터

"대중을 따라가는 것은 평균으로 퇴행하는 것이다."

_찰리 멍거(Charlie Munger, 버크셔해서웨이부회장)

▲ 출처: DPA

"투자자가 대중의 히스테리에 파묻히지 않으려면 훈련을 해야 하며, 냉정하다 못해 냉소적이어야 한다."

_앙드레 코스톨라니(Andre Kostolany, 투자자·칼럼니스트)

이들이 전하는 메시지가 투자의 비결이나 시장의 진리를 보여주는 것은 물론 아닙니다. 그러나 군중의 심리라든가 광기를 그대로 따라가서는 성공적인 투자를 할 수 없다는 통찰을 공통적으로 담고 있다는 사실에는 주목해야 할 것입니다. 그러니까 예컨대 RSI가 70을 넘는 과매수 시장이라면 매도할 타이밍이 온 것이고, 30 밑으로 떨어진 과매도 시장이라면 서서히 매수 포지션을 잡아야 할 때라고 마음의 준비를 할 수 있겠지요. 다만, RSI에는 근본적으로 천장과 바닥은 잘 나타나지만, 큰 움직임 없이 횡보하는 장일 때는 그 의미가 다소 모호해지는 한계를 가지고 있습니다.

당연한 노릇이지만, 코인 시장을 움직이는 변수가 단 하나일 리는 없습니다. 그것은 대단히 복합적인 변수로 움직이는 시장입니다. 설사 RSI가 70 이상으로 올라가 이제는 떨어질 때라는 신호를 보인다 하더라도, 강력한 호재가 있고 시장이 탄력을 받는다면 '불장'이 계속되는 경우도 있습니다. 각종 보조지표가 다 그렇듯, RSI 또한 100% 확실한 근거로 삼기보다는 참고 목적으로 활용하는 게 좋습니다.

이평선, 저항선, 지지선

투자를 해보고 이런저런 정보도 찾아본 분들은 이평선, 저항선, 지지선이란 용어를 들어봤을 겁니다. 이 책에서는 고급·심화 단계의 내용은 다루지 않기 때문에 더 세밀하고 전문적인 차트 분석은 다루지 않겠습니다만, 지금부터 설명할 세 가지 선은 활용도가 높고 이해하기 쉬우니 다뤄보도록 하겠습니다. 잘 따라오세요!

이평선은 이동평균선의 약자입니다. 일정 기간 동안 오르내렸던 가격의 평균을 보여주는 선입니다. 그러니까 '60일 이평선'이라고 하면 60일 동안 움직였던 코인 가격의 평균이 되겠죠.

단기 흐름을 파악하고자 할 땐 5, 10, 20일 이평선을 보면 되는데요. 5일 이평선 가격이 5,000원이고 현재 코인 가격이 7,000원이라면 최근 5일간 매수한 투자자는 수익이 난 상태라고 볼 수 있습니다.

그리고 중·장기 흐름의 해석에는 60일, 120일, 200일 이평선을 주로 활용하는데, 가령 가격이 해당 이평선 위에 있고 이평선도 올라가고 있다면 어떨까요? 짧게는 하락하는 코인으로 보여도 길게 보면 상승 중이구나 하는 시야를 제공하는 지표입니다.

특히, 200일 이평선은 대형 기관 투자자나 트레이딩 프로그램이 매수·매도 주문의 기준으로 삼는 선이라 더욱 중요합니다. 코인 가격이 200일 이평선을 뚫고 올라가면 매수, 못 뚫고 떨어지면 매도하는 방식으로 운용된다는 점을 알아두면 좋겠습니다.

이 차트는 작년 9월 16일의 비트코인 일봉 차트입니다. 단기 이평선(50일 이평선)이 장기 이평선(200일 이평선)과 터치하며 치고 올라가는데 이를 골든크로스(Golden Cross)라고 합니다. 시장 흐름이 상승 추세에 접어들었음을 나타내는 차트죠. 그래서 골든크로스가 만들어지고 호재 뉴스가 퍼지게 되면(특히 비트코인의 경우) 한동안 계속 상승장이 형성되곤 합니다.

반면, 단기 이평선이 장기 이평선을 '크로스'하며 그 밑으로 떨어지면 데드크로스(Dead Cross)라고 하는데, 정반대니까 이때는 시장이 하락 추세라고 볼 수 있겠죠.

2021년 비트코인 가격이 3~4월에 고점을 갱신한 이후로 가장 큰 하락을 보였던 날이 5월 19일인데요. 이때 200일 단순 이평선(보라색 선)을 깨고 내려가면서 가격이 크게 떨어졌습니다.

바로 위 두 번째 차트는 2020년 상반기 일봉 차트입니다. 시세가 위아래로 출렁이는 과정에서 200일 이평선을 통과할 때마다 급격한 상승과 급격한 하락이 나왔습니다. 가격과 200일 이평선과의 관계를 잘 보여주는 사례입니다.

그러면 이번엔 코인 거래소 업비트로 들어가 이평선 보는 방법을 구체적으로 설명하겠습니다.

② 검색창에 'MA'를 입력하고 '이동 평균' 선택

③ 톱니바퀴 모양(설정) 클릭

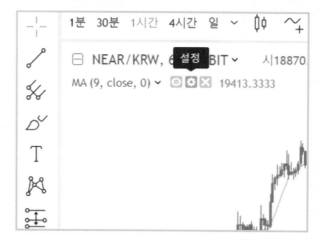

④ 보고 싶은 단위 기간에 따라 길이 입력(5일 이평선은 5, 20일 이평선은 20)

⑤ 모습 탭에서 기호에 맞게 선 모양 변경

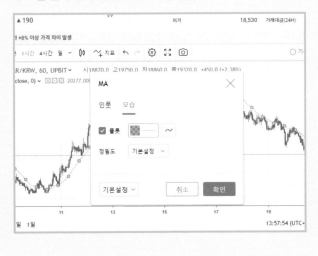

다음에 소개할 선은 저항선과 지지선입니다. 코인 가격을 위아래로 뛰는 공이라고 상상해 보세요. 고점과 고점을 연결하며 뛰어오르는 가격을 막는 선이 저항선, 저점과 저점을 연결하며 받치는 선이 지지선입니다.

저항선과 지지선은 가까운 시일 내 가격이 어떻게 형성될지 가늠해볼 수 있게 해 줍니다. 가격이 저항선을 돌파하면 '이제 좀 날아오르겠구나!'라고 볼 수 있고요. 지지선마저 무너지면 '더 큰 하락장이 오겠구나'라고 생각하면서 조심해야 합니다.

이 차트에서 자주색 직선이 2021년 10월 6일까지의 저항선입니다. 8월부터 10월 초까지 상승이 있었지만, 저항선을 뚫지는 못한 모습입니다. 그러나 10월 6일 개리 겐슬러 미국 증권거래위원회 위원장이 미국은 중국처럼 암호화폐를 금지할 계획이 없다고 밝힌 발언의 영향으로 비트코인 가격은 마침내 저항선인 5만 달러를 뚫었죠.

그리고 이후로는 가격이 우상향으로 움직이며 한동안 꾸준한 상승장이 이어졌고 이 과정에서 저항선이 가격을 떠받치는 지지선으로 바뀌었음을 확인할 수 있습니다. 헷갈릴 수 있지만 잘 생각해 보세요.

다만 다른 지표와 마찬가지로 지지선이든 저항선이든, 위에서 설명한 그 의미가 언제나 절대적으로 적용되지는 않음을 염두에 두어야 합니다.

아래 차트는 2021년 12월 말의 비트코인 차트입니다. 12월 23일 저항선이 뚫렸지만, 이번에는 치고 올라가지 못하고 고만고만한 모양을 그리며 상승장 전환은 일어나지 않았습니다.

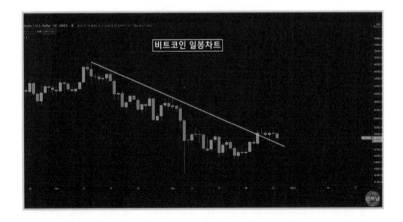

전적으로 차트 분석에만 의존하거나 유혹을 당해서는 안 되는 이유가 여기에 있습니다. 경제 전체적(거시적) 이슈, 시기적 특징 같은

요인이 이처럼 더 강한 힘을 발휘하기도 합니다.

당시는 12월 31일 옵션 만기를 앞둔 시점이었고 숏 세력*의 압박, 미국 연준의 긴축 정책에 따른 투자자들의 불안·위축 심리도 가격을 억누르는 역할을 했죠. 하지만 여러분은 앞서 트렌드와 뉴스 체크의 중요성을 배웠으니 능동적이고 효과적으로 대응하리라 믿습니다.

> **☑ 숏 세력**
>
> 시장에서는 가격이 떨어진다는 데 걸고 투자하거나 저점에서 매수하려는 수요도 존재합니다. 이를 위해 코인 매도를 쏟아내는 세력을 말합니다.

다이버전스

'이탈, 나뉘어짐, 상이' 등을 뜻하는 다이버전스(Divergence)는 몇 안 되는 선행성 지표 가운데 하나이기 때문에, 잘 정리해둘 필요가 있습니다. 복잡해 보이지만 개념을 잘 잡아놓으면 그리 어렵지 않습니다.

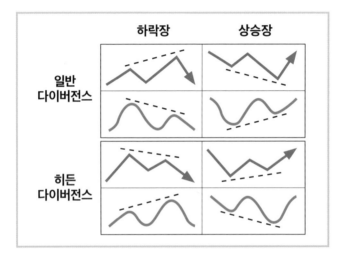

우선 일반 다이버전스의 판단 기준은 코인 가격입니다. 가격은 계속 상승하지만 RSI 등 보조지표가 하락하고 따로 움직이는 경우(하락 다이버전스), 가격은 계속 하락하는데 보조지표가 오르는 경우(상승 다이버전스)가 있습니다.

그리고 보조지표를 보고 판단하는 히든 다이버전스도 있습니다. 보조지표가 오르고 가격의 고점은 낮아지는 경우(히든 하락 다이버전스), 그 반대로 보조지표는 하락하고 가격의 저점은 상승하는 패턴(히든 상승 다이버전스)이 있습니다.

이러한 다이버전스는 가까운 시일 내 시장이 상승장일지, 하락장일지 가늠하는 데 활용 가능합니다. RSI 값이 작을수록 매도, 클수록 매수가 우위라는 점을 함께 기억한다면 이해하기 쉬울 텐데요.

일반 하락 다이버전스 때는 코인 가격이 오르더라도 RSI 값이 낮아지는 만큼(매도가 많은 만큼) 하락장을 대비할 수 있겠고요. 히든 하락 다이버전스일 때도 가격 고점이 떨어지는 움직임과 맞물려 하락 추세가 계속될 것으로 예상 가능합니다.

왼편의 차트는 2017년 12월의 비트코인 차트입니다. ①과 같이 가격 추이만 본다면 계속 오르기만 하니 '늦기 전에 올라타자' 잘못된 판단을 할 수 있습니다. 그러나 RSI를 보면 급격한 하락이 나타났고 (② 지점) 곧이어 비트코인 가격이 급락했습니다. (③ 화살표) 다이버전스의 개념을 아는 투자와 모르는 투자의 차이, 이해되시나요?

한편 일반 상승 다이버전스 때는 코인 가격은 내려가지만 RSI 값이 커지는 만큼 (매수가 많은 만큼) 가까운 시일 내 상승세로의 반전을 기대해볼 수 있죠. 히든 상승 다이버전스 역시 가격 저점이 오르는 움직임과 맞물려 상승 추세가 당분간 이어질 신호로 해석 가능합니다. 차트와 함께 보시죠.

2021년 9월 말 비트코인 차트입니다. 단기적 시야로 보면 코인 가격이 좀처럼 오를 것 같지 않고 오히려 내려가는 장이었죠. 그러나 RSI와 다이버전스를 볼 줄 아는 투자자는 이 지점에서 상승장과 더 큰 수익을 기대할 수 있는 겁니다.

투자는 확률의 게임입니다. 스스로 공부하고 분석하는 여러분은 이미 게임의 승자가 되는 데 한 발짝 가까워졌습니다.

잠깐, 이건 알고
거래하자

"시계추는 한쪽 끝을 향해 계속 움직일 수 없고,

끝에 영원히 머물러 있을 수도 없다."

- 하워드 막스

이번 장에서 설명할 내용은 코인 투자를 안 하는 분이나 막 시작한 코린이들에겐 다소 어려울 수 있습니다. 그래서 우리에게 잘 알려진 만화 〈원피스〉를 바탕으로 쉽게 설명해 보겠습니다.

원피스 세계에서 전설의 해적왕 골 D. 로저는 이런 말을 남기고 세상을 떠납니다.

"나의 보물 말인가? 원하면 주도록 하지. 찾아라! 이 세상의 전부를 그곳에 두고 왔다!"

하지만 작중 세계에서는 20년이 지났지만, 누구도 보물 원피스를 찾지 못했습니다. 왜일까요? 제대로 된 지도도, 정보도 없기 때문입니다. 그래서 이 세계의 인물들은 단편적인 정보에만 혈안이 되고 싸우기에 급급합니다.

저는 비트코인을 비롯한 암호화폐가 현실 세계의 원피스라고 생각합니다.

수많은 이들이 코인으로 부를 이루었고, 포브스 선정 부자 랭킹에 새롭게 이름을 올리는 이들 중 많은 이들이 코인과 연관되어 있습니다. 기관이나 보수적 투자자도 코인을 '디지털 골드'로 인정하고 있고요.

그런데 원피스와 달리 코인은 숨겨진 보물이 아닙니다. 보물을 찾아가는 데 필요한 정보를 저와 함께 차근차근 짚어 보시죠.

01

온체인 데이터

　암호화폐는 네트워크에서 발생하는 모든 활동이 공개·기록되는 유일한 자산입니다. 데이터 통신 시스템, 즉, 네트워크 안에서 정보 처리 기능이나 통신 기능을 수행하는 전자기기를 네트워크 노드(Network Node)라고 하는데, 구체적으로는 호스트 컴퓨터, 원격처리장치, 단말장치 등을 가리킵니다. 이러한 네트워크 노드를 실행할 수 있는 사람이라면 누구나 블록체인 원장의 모든 데이터에 접속할 수 있습니다.

　더 쉽게 풀면, 모든 데이터가 기록되고 다시 모든 이에게 공개된다는 것입니다. 이러한 블록체인의 특징 덕분에 기존 투자 시장과 달리 코인 시장에서는 심층적 데이터 분석이 가능합니다. 코인을 주고받은 지갑, 전송된 코인 양, 전송된 시간은 물론 전송되기 전 해당 코인에 무슨 일이 있었는지까지 모두 파악할 수 있습니다.

즉, 자산의 흐름과 패턴이 아주 세세하게 담기는 만큼 데이터 분석이 차트 분석보다 더 중요한 측면이 있습니다.

이렇게 축적되고 확인 가능한 블록체인 상 데이터를 온체인 데이터라고 하는데, 크게 다음의 세 가지로 분류할 수 있습니다. 바로 거래 데이터, 블록 데이터, 그리고 스마트 계약 코드입니다.

우선 거래 데이터에는 코인을 보낸 사람과 받는 사람의 주소, 전송 금액, 그리고 특정 주소의 잔액 등이 포함됩니다.

블록 데이터에는 블록 보상, 채굴자 인센티브, 타임스탬프(Timestamp)* 관련 데이터가 포함됩니다.

> **✅ 타임스탬프**
>
> 특정한 시각을 나타내는 표기
> (예) Tue 01-15-2021 8:00
> 2017-06-21 T 11:20 UTC

마지막으로 스마트 계약 코드입니다. 이더리움과 같은 블록체인 네트워크는 그 위에 디앱(dApp; decentralized application)*을 만들 수 있는 플랫폼이 구축되는데요. 각 스마트 계약의 논리, 고유 계약 주소 등이 이에 해당됩니다.

> **✅ 디앱**
>
> 댑, 분산앱이라고도 합니다. 이더리움 기반 디앱이라고 하면 이더리움 블록체인에서 작동하고 기록되는 앱입니다. 그리고 이처럼 독립되지 않은 앱에서 통용되는 암호화폐를 토큰이라고 합니다.

ⓑ 알호들 비율(RHODL Ratio)

알호들 비율이라는 이름의 지표는 거래 데이터 지표로서 비트
코인 단기 홀더와 장기 홀더 비율을 바탕으로 사이클의 고점·저점
판단에 도움을 주는 지표입니다.

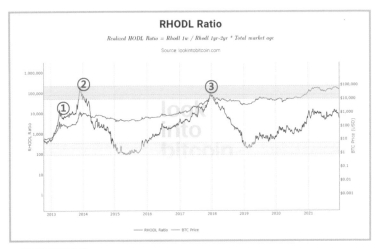

▲ 알호들 비율의 추이

알호들 비율은 지난 1주일간 지갑을 이동한 코인 실현가치, 1~2
년 전에 지갑을 이동한 코인 실현가치 비율을 이용하는 지표인데
요. 알호들 비율이 높다는 것은 1~2년 전보다 최근 이동한 코인의
가치가 높다는 뜻이니까 '불장'으로 가는 신호라고 이해할 수 있습
니다. 높이 올라가며 레드존에 접어들면 정점이라고 볼 수 있고요.

위의 차트에서 ①은 2013년 4월 상승장입니다. 흔히 알려진 온
체인 지표만 가지고는 ① 시점에서 2013년 4월을 정점이라고 잘못

판단할 수 있었지만, 알호들 비율은 ② 시점과 ③ 시점을 정점으로 보여줬고 실제 비트코인 가격도 ②, ③ 당시에 최고를 기록했습니다.

2021년 이후 알호들 그래프는 레드존에 진입하지 않고 있습니다. 2021년 11월 오랜만에 신나는 '불장'도 있었지만 말이죠. 여기서 우리는 비트코인이 '진짜 정점'에 아직 도달하지 않았음을 발견할 수 있습니다.

ⓑ 분석 사이트 활용하기

알호들 비율, 푸엘 멀티플(Puell Multiple) 등을 직접 계산하거나 그래프를 그릴 수도 있겠지만, 여러분의 시간은 소중합니다. 공부도 효율적으로 하는 것이 좋겠죠. 그래서 의미 있는 온체인 데이터를 모아놓은 사이트를 소개하겠습니다. 모두 부분 유료이긴 하지만, 투자의 수준을 높이고 싶은 분께 유용한 사이트들입니다.

글래스노드(Glassnode): 다양하고 방대한 자료의 양을 강점으로 삼는 사이트입니다. 기본 지표는 무료로 제공하지만, 고급 지표는 결제한 후 이용할 수 있습니다.

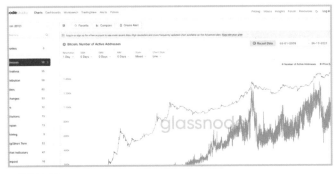

▲ 글래스노드

인투더블록(Intotheblock): 온체인 데이터를 그냥 모아놓은 수준에서 한 걸음 더 나아가 인공지능 기술을 통한 가격 예측 모델을 제공하는 사이트입니다.

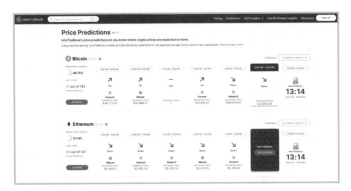

▲ 인투더블록

크립토퀀트(CryptoQuant): 여기에는 레버리지 비율 등 차별성 있는 데이터가 많습니다. 일별 데이터는 무료로 제공하고, 시간 단위로 더 정교한 데이터는 유료 결제 후 이용 가능합니다.

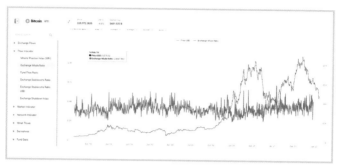

▲ 크립토퀀트

지금까지 소개한 세 곳은 공식 트위터를 통해 주요 자료를 투자자와 공유하기도 하니 트위터만 잘 활용해도 유익한 정보를 찾아볼 수 있습니다.

그리고 룩인투비트코인(lookintobitcoin), 체크온체인(checkonchain)은 제공하는 지표 수는 비교적 적지만, 푸엘 멀티플, 호들 웨이브 등 일부 지표를 무료로 제공하니 함께 이용하면 좋습니다.

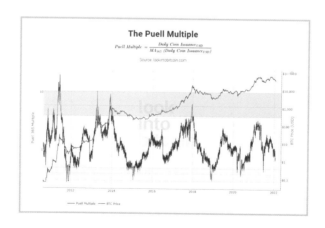

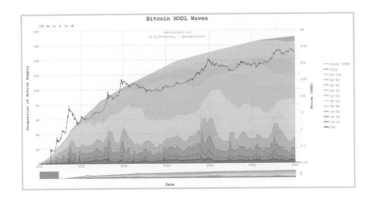

🅱 고래의 움직임 주목하기

시장의 '큰손'들이 강한 영향력을 갖는 것은 금융 시장 어디서든 당연한 일입니다. 다만 증시를 비롯한 전통적 시장에서는 정보 접근 권한을 가진 소수의 투자자나 운용 실무자만이 자금 이동을 먼저 알아보고 대응할 수 있었지요. 이와는 달리, 코인 시장에서는 약간의 시간과 프리미엄만 내준다면 이런 정보를 확인할 수 있습니다. 그런 목적으로 제가 소개할 곳은 웨일 얼러트(Whale Alert)라는 사이트와 동명의 트위터입니다.

블록체인은 내용 수정이나 거래 사실이 빠짐없이 기록된다는 특성을 갖죠. 웨일 얼러트는 이 특성을 이용해 '고래(대형 투자자)들'이 거래한 코인의 규모와 경로를 조사해, 이를 일반 투자자들에게 제공합니다. 호재·악재를 앞두고 코인에 들어가거나 빠지는 움직임, 시세 차익을 노린 특정 거래소로의 물량 집중 등 시장의 동향과 가격의 향방을 파악할 수 있습니다.

다만 투자금을 쪼개거나 시장에 혼선(노이즈)을 주기 위해 매수·매도를 해놓고 은밀히 장외 거래를 하는 경우들도 있습니다. 따라서 "고래들이 매수하니까, 떡상하겠구나!"식의 단정은 위험합니다. 참고 자료로 활용한다면 성공적인 코인 투자에 도움이 되겠지만요.

02

TVL

이번에는 데이터 요소 중 TVL이라는 지표를 디파이와 연결해 알려드리겠습니다.

여러분은 혹시 '제네시스 블록(Genesis Block)'이란 말을 들어보셨나요? 블록체인의 '블록'은 데이터를 저장하는 단위인데, 데이터를 끌어 모아 블록을 만들고 신뢰성을 검증하여 이전의 블록에 연결함으로써 블록체인이 형성됩니다. 여기서 맨 처음 시작된 블록을 '제네시스 블록'이라고 하지요. '비트코인의 창시자'로 알려진 사토시 나카모토는 맨 처음 채굴된 이 비트코인 블록에다, 앞 페이지 하단에 보이는 신문의 헤드라인을 숨겨놓았습니다.

사토시는 영국 정부가 2008년 금융위기로 무너질 위기에 처한 은행들을 다시 한 번 구제해야 할 상황이라는 이 기사를 통해 암호화폐와 블록체인이 필요한 이유를 밝힌 것인데요. 그 이유는 바로 기존 중앙집권형 금융의 결함을 해결한다는 '탈중앙화'입니다.

기존 금융은 개인 차원에서 보면 은행 등 중간 매개자가 있어서 수수료 지출, 대출 거절·차별과 같은 불편이 이어져 왔고요.

거시적으로 보면 중앙은행이 존재하지만, 물가 상승, 경제 위기를 예방하거나 관리하지 못 하는 문제를 드러냈습니다. 아울러 정치적 갈등을 겪는 상황이거나 권위주의가 만연한 국가에서는 거래를 검열하거나 통제하는 문제가 반복되었습니다.

블록체인은 그 자체를 해킹하지 않는다면 내부 정보를 수정할 수 없어 디지털 자산이 사라지지 않습니다. 그래서 블록체인의 특성을 살려 매개자 없이 스마트 계약을 통한 1대 1 거래 시스템이 만들어졌는데 이를 디파이(Decentralized Finance, 탈중앙화금융 혹은 분산금융)라고 합니다.

그리고 테라 등은 하나의 코인인 동시에 디파이 프로젝트입니다. 그래서 디파이 플랫폼에서의 거래는 운영을 후원하는 개념으로 예치 후 이뤄집니다. 이런 거래로 예치된 금액의 총 가치를 TVL(Total Value Locked)이라고 합니다. TVL은 디파이 생태계에 들어온 자금의 규모를 확인할 수 있다는 점에서 추후 급성장할 보물 코인과 잡코인을 구별하는 데 활용할 수 있습니다.

계속 커지는 TVL이 어떤 의미인지 알고 있으면 1년 만에 가격이 34,000%나 상승한 루나 같은 코인을 미리 발견할 수 있겠죠. 현재 테라·루나는 TVL 기준 이더리움 다음인 디파이 체인 2위 자리를 계속해서 유지하고 있습니다.

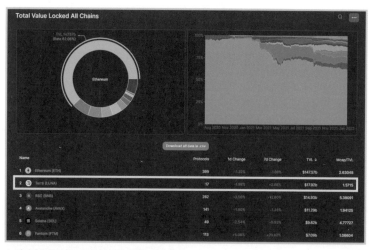

▲ 이더리움 다음으로 디파이 체인 2위인 테라·루나

루나뿐만 아니라 바이낸스 스마트 체인(BSC), 아발란체(Avalanche), 솔라나, 팬텀(Fantom), 폴리곤(Polygon) 같은 코인도 가격 상승 이전에 TVL이 신호 역할을 했습니다.

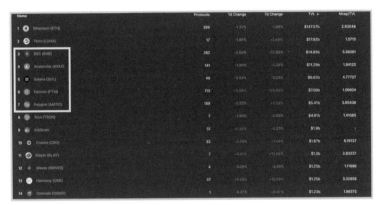

▲ 바이낸스 스마트 체인, 아발란체 등 가격 상승 코인의 공통점은 'TVL 상위권'이라는 점입니다

그럼 디파이의 구체적인 사례를 볼까요?

우선 대출이 있습니다. 은행 중심의 금융 시스템에서는 은행이 예대마진으로 수익을 보는 방식이었던 반면, 디파이 시장에서는 금융사 대신 알고리즘만 존재하기 때문에 수수료 등 부대 비용이 없습니다. 따라서 대출을 해주는 사람은 디파이 수수료를, 대출을 받는 사람은 담보 코인 가치의 최대 60% 규모의 코인을, 받게 됩니다. 신용등급의 영향도 없고요.

대출과 함께 TVL 비중이 큰 곳은 탈중앙화 거래소입니다. 앞서 설명했듯이, 블록체인 자체가 탈중앙화 구조죠. 하지만 업비트, 바이낸스 등 주요 거래소는 거래소 운영사가 중간 매개체 역할을 하며 수수료를 받고 시장을 관리하는 점에서 중앙화 거래소입니다.

탈중앙화 거래소는 기본적인 블록체인 운영 외에 개입이 없고 투자자가 거래소에 투자금, 개인정보를 맡기지 않아도 돼서 더 안전한 장점이 있습니다. 반대로 개인 키(key) 분실, 오입금 등의 문제가 생겨도 도움을 못 받는 단점도 있지만요. 중국 정부의 암호화폐 규제 때문에 이탈한 중국 자본이 많이 들어가고 규모가 커지는 중이니 탈중앙화 거래소의 존재도 기억해둘 만합니다.

이쯤에서 다음이 궁금할 겁니다. '그래서 TVL을 어떻게 볼 수 있는데요?'

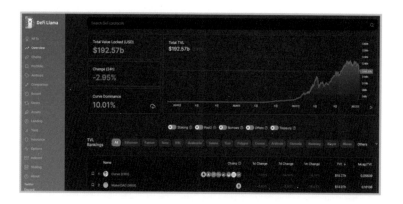

위의 사진은 '디파이라마(DefiLlama)'라는 사이트입니다. 그중 테라 체인을 한번 보겠습니다.

위의 노란색으로 표시된 부분에서는 위에서부터 테라 체인의 총 TVL, 지난 24시간 동안의 TVL 변화, 그리고 테라 체인 내에서 가장 큰 비중을 차지하고 있는 앵커 프로토콜의 도미넌스를 확인할 수 있습니다. 그리고 아래쪽에서는 테라를 활용하는 생태계 내 17개 프로토콜의 정보를 확인할 수 있습니다.

또한, 테라 생태계의 프로토콜은 대부분 테라 자체 개발이라 테라에서만 구동됩니다.

이더리움 생태계의 프로토콜 중 하나인 스시스왑(SushiSwap)은 13

개의 서로 다른 생태계에서 구동됩니다. 이더리움, 아발란체, 폴리곤 등 어떤 생태계, 어떤 프로토콜에 자본이 몰리는지 알 수 있습니다.

여기서 더 나아가 TVL 차트를 보고 기술적 분석을 할 수도 있습니다.

왼쪽이 TVL, 오른쪽이 시가총액이고요. TVL 대비 시가총액이 낮다면 그만큼 프로젝트가 저평가되어 성장 가능성이 크다고 볼 수 있습니다. 투자를 많이 해본 분이라면 주식의 PBR, PER과 비슷해서 명확하게 이해할 수 있습니다.

디파이라마에서는 좌측의 Comparison 탭을 통해 프로토콜 간 가치 비교도 가능합니다. 대출 프로토콜 2위 앵커(Anchor)와 1위 에이브(아베, AAVE)를 비교해 보겠습니다.

얼마나 커질지 알아보고 싶은 앵커를 프로토콜 A에 입력하고, 비교 대상인 에이브를 프로토콜 B에다 입력합니다. 그러면 자동으로 결과가 산출되어 7.30달러(2022년 1월 27일 기준)라는 수치가 나옵니다.

앵커가 에이브와 같은 기준으로 평가를 받는다면 앵커 프로토콜의 가격이 현재보다 4.8배 상승 가능하다고 해석할 수 있는 거죠. 앞으로 더 성장할 수 있는 코인은 감(느낌)이나 다단계판매 식의 사기성 리딩이 아니라, 객관적 지표와 분석으로만 발견할 수 있다는 점을 기억하기 바랍니다.

03

컨솔리데이션

코인 투자에도 기승전결이 있습니다. 바로 어큐뮬레이션(Accumu-lation), 마크업(Markup), 디스트리뷰션(Distribution), 마크다운(Markdown) 4단계입니다. 우리말로는 축적, 상승, 분배, 하락인데요. 굳이 영어 단어를 알려드리는 이유가 있습니다.

4단계 중 누가 봐도 명확한 마크업, 마크다운을 빼면 남는 두 개의 사이클이 바로 어큐뮬레이션(축적)과 디스트리뷰션(분배)이죠.

그리고 이 구간들을 함께 가리키는 말이 컨솔리데이션(Consolidation, 횡보)입니다. 공부하면서 투자를 해본 분이라면 한 번쯤 들어보셨죠. 이 컨솔리데이션을 제대로 이해하고 파악할 수 있어야 성공적 투자를 할 수 있으므로 정말 중요한 개념입니다.

다음은 비트코인의 주봉 로그차트입니다.

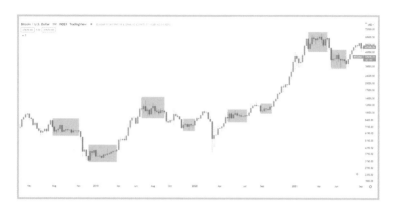

차트의 구간은 2018년 중순부터 2021년 7월까지입니다.

주의해야 할 점은 컨솔리데이션 상황을 어큐뮬레이션 또는 디스트리뷰션이라고 확신하거나 속단해서는 안 된다는 것입니다. 컨솔리데이션이 지속되는 기간도 6주, 10주 등으로 딱히 정해져 있지 않고요.

하지만 과거의 패턴과 신호를 분석해보면, 현재의 컨솔리데이션이 어떤 상태인지, 상승할지 하락할지(매수, 매도), 어디로 갈지는 예측할 수 있습니다.

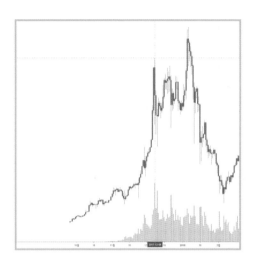

제일 왼쪽 고점이 2017년 12월의 고점입니다. 이때부터 하락하기 시작한 가격은 2018년 8월부터 컨솔리데이션 구간에 들어갔습니다.

그렇다면 차트를 조금 확대해서 볼까요?

이때 컨솔리데이션의 주봉을 보면 고점이 낮아지고 있는 점, 거래량도 계속 떨어지는 점을 확인할 수 있는데요. 떨어지는 거래량은 대부분의 컨솔리데이션 상황에 보이는 공통점입니다. 거래량은 차트 아래쪽 막대기(Demand Index)를 통해 볼 수 있으며, 크게 감소한다면 조만간 큰 출렁임이 있을 것이라 참고할 수 있습니다(항상 지표는 절대적이지 않음을 명심해야 합니다).

이 차트에서는 급등과 함께 늘어난 거래량이 줄어들고 동시에 디맨드 인덱스도 약세입니다. 이 경우 이전에 진입한 사람이라면 수익을 실현할 때이고, 새로운 투자자라면 진입해서는 안 되는 구간입니다.

결론은 뭘까요? 컨솔리데이션은 오랜 상승장 뒤에 찾아오는 경우가 많다는 겁니다. 수익 실현을 위해 매도할 때가 아니라면 컨솔리데이션 구간인지 파악해야 하고, 거래를 피하거나 조심해야 합니다. 조급하게 진입하지 말고 확실한 호재, 거래량 폭발이 있을 때 진입해야 합니다.

2020년 10월 중순 컨솔리데이션 구간이 끝나고 시작된 상승장은 19주간 계속됐고 가격은 450%나 뛰어올랐던 예가 있습니다. 현금을 확보해 두어야 하는 이유이기도 합니다.

매수를 잘 하는 사람은 하지 말아야 할 매수를 피하고 최선의 찬스가 오기까지 기다릴 줄 아는 사람입니다.

시장에 대한 믿음이 있다면 언제 매수해도 그다지 상관없습니다. 3개월, 6개월, 1년이 지나면 결국 가격은 오르고 승리할 것이기 때문이죠.

하지만 저도, 여러분도 수천억 원의 자산가가 아니기에 시드를 소중히 여겨야 하고 가능하다면 물려서는 안 됩니다. 그리고 현재 상태, 가까운 미래의 방향을 파악함으로써 능동적으로 움직이도록 돕는 개념이 컨솔리데이션입니다.

📊 Bonus Tip

불마켓 서포트 밴드

불마켓 서포트 밴드(Bull Market Support Band)는 비트코인의 상승장을 지지(Support)해주는 밴드라 해서 붙여진 이름입니다. 일반적인 단순 이동평균선을 20주로 설정하고, 최근 가격 변화에 가중치를 적용한 지수 이동평균선을 21주로 세팅함으로써 서로의 단점을 보완하는 새 보조지표입니다.

이를 활용하면 각 이평선의 미묘한 차이를 동시에 확인할 수 있을 뿐 아니라, 두 이평선 간 관계를 통해 새로운 인사이트를 얻을 수 있습니다.

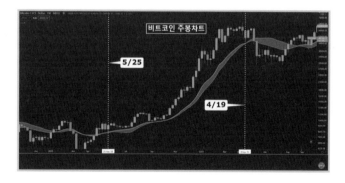

2020년 5월 말~2021년 4월 말 구간을 보면 다음의 두 가지를 확인할 수 있습니다. 녹색 선이 21주 지수 이평선, 빨간 선이 20주 단순 이평선입니다. 하나는 비트코인의 가격이 불마켓 서포트 밴드의 지지를 받았다는 것, 또 다른 하나는 녹색 선이 빨간색 선보다 위에 있다는 것입니다.

그리고 이러한 모양은 코인 가격의 상승 동력이 강한 상황을 나타내는 것으로 이해할 수 있습니다. 2013년과 2017년 상승장에서도 같은 흐름이 나타났습니다.

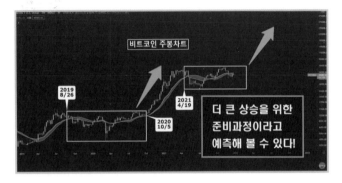

그렇다면 불마켓 서포트 밴드를 활용해 비트코인 주봉 차트를 살펴보 겠습니다. 장기적으로 봤을 때 현재 구간은 2019년 8월부터 2020년 10월까지의 컨솔리데이션 구간과 비슷합니다.

당시 컨솔리데이션 구간 이후 본격적인 상승 랠리가 나왔던 것처럼, 2022년 초의 시장 움직임도 코인 가격 급등의 준비 과정이라고 볼 수 있습니다. 물론 지나친 믿음이나 오만은 절대 금물이지만 진정 큰 부를 원하신다면 긴 호흡으로 확신과 여유를 가질 줄도 알아야 합니다.

"한 걸음 한 걸음 그 자체에 가치가 있어야 한다.

큰 성과는 가치 있는 일들이 모여 이룩되는 것이다."

- 단테 알리기에리 『신곡』 중

투자를 하고 있다면 혹시 첫 코인에 투자할 때를 기억하나요? 두 번째 코인부터는 몰라도 첫 코인을 매수할 때의 결심, 기대감, 초조함 등은 또렷이 생각날 겁니다.

그런데 여러분, 잘 생각해보세요. 처음 투자한 코인이 비트코인이었나요? 그렇지 않은 분들이 많을 겁니다.

첫째, 주변의 지인이나 유튜버들로부터 비트코인은 수익률이 별로다, 이런저런 코인들이 한번 갈 때 크게 간다, 같은 얘기를 듣고는 알트코인을 매수했을 것입니다. 이쯤에서 도지코인을 가진 분은 귀가 좀 가려울 것 같네요.

둘째, 비트코인은 개당 가격이 이미 수천만 원이라 매수하기 부담스러우니 저렴한 코인을 사야겠다고 판단했을 겁니다. 그래서 '넘버 투' 이더리움으로 시선을 돌렸는데 이더리움도 가격이 만만치 않습니다. 그러다 이더리움 클래식으로 들어가는 경우를 많이 봤고요. 심지어 단순히 이름이 이쁘거나 멋있다는 이유만으로 코인을 매수한 분도 있을 것입니다.

주식의 경우, 일부 예외는 있지만 대개 1주 단위로 거래가 이루어집니다. 그러나 코인은 이와 달리 소수점 단위로도 사고팔 수 있습니다. 가령 비트코인의 거래 최소단위는 1억분의 1 비트코인인데요. 비트코인 개발자 사토시 나카모토의 이름을 따서, 이 최소단위를 1 사토시라고 부릅니다. 2만 원, 10만 원 등 소액으로도 매수할 수 있다는 뜻이에요. 일부 코린이들 중에는 '왜 내가 이걸 이제야 알았지?'라면서 충격을 받은 분도 있을 것 같네요.

01

주요 마켓 소개

이번 챕터는 전혀 투자 경험이 없거나 갓 시작한 코린이 분들을 위한 내용입니다. 차근차근 설명해 보겠습니다.

물건을 사려면 마트에 가야 하듯이 코인을 사려면 암호화폐 거래소를 이용해야 합니다. 국내의 경우 업비트, 빗썸, 코인원 그리고 코빗이 주요 거래소인데요. 보통 업비트를 많이 사용하지만, 거래소별로 어떤 차이가 있는지 알아 두어야 좋습니다.

그렇다면 국내에서 가장 사용자가 많은 거래소인 업비트부터 살펴보겠습니다.

⑤ 업비트

    현재 업비트의 수수료는 0.05%입니다. 낮은 수수료와 함께 체결 속도가 빠른 점이 가장 큰 장점입니다. 여기서 속도라고 하는 것은 거래가 이뤄지는 속도를 가리키는 것이지요. 따라서 속도가 빠르다면 유저도 많고 거래 횟수도 많다고 이해하면 되겠습니다.

    또 모바일 인터페이스가 쉽고 직관적일 뿐 아니라 차트의 다양한 기능을 지원합니다. 업비트에 익숙해지면 다른 거래소의 앱이 불편할 만큼 잘 되어 있지요.

    단점도 없지 않습니다. 무엇보다 다른 거래소보다 신규 상장 코인이 적다는 점, 케이뱅크 계좌를 일부러 만들어야 한다는 점, 유저를 위한 이벤트가 적다는 점 등을 들 수 있습니다.

■ 이용 방법

① 접속 및 회원가입

② 본인 인증

신분증, 본인 명의 핸드폰, 본인 명의 계좌 번호가 필요합니다.

③ 케이뱅크 앱 다운로드

업비트에서 투자금 입출금은 케이뱅크 계좌로만 가능합니다. 편리한 거래를 하려면 앱을 설치해야 합니다.

④ 앱 다운로드 후 입출금통장 개설

⑤ 입출금통장에 투자금 채우기

홈 → 가져오기 → 다른은행계좌 추가 → 약관동의 및 본인인증, 계좌인증 → 가져오기 클릭 → 다른은행계좌 가져올 금액 설정 → 가져오기 클릭 → 케이뱅크 비밀번호 입력 → 케이뱅크로 타은행계좌의 돈을 입금하기

⑥ 업비트로 입금하기 전, 업비트 보안등급 설정

- 레벨2 휴대폰 본인 인증 설정 방법

  내정보 탭 → 보안등급 클릭 → 레벨2 인증

- 레벨3 입출금 계좌 인증 설정 방법

  레벨3 인증 클릭 → 뱅크 클릭 → 실명확인 유의사항 및 동의 클릭 → K뱅크에 입금된 3자리 숫자 입력 인증하기 → ARS 인증 요청 → 계좌등록 성공 → 진행 클릭

- 레벨4 2채널 추가 인증 설정 방법

  레벨4 인증 클릭 → 인증 활성화 클릭 → 카카오페이로 온 메시지 확인하기 클릭

⑦ 업비트 원화 입금

입출금 클릭 → 원화 → 입금하기 → 입금액 최소 5,000원 이상 → 입금 신청

(보이스피싱 등 금융사고 예방을 위해 첫 입금 후 72시간 동안은 출금이 제한됩니다. 또 밤 11시 50분 이후 은행 점검 시간에는 입금이 원활하지 않을 수 있습니다)

⑧ 암호화폐 매수·매도

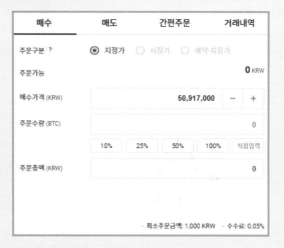

⑨ 암호화폐 입출금

- 입출금 메뉴 클릭
- 업비트 지갑 주소를 만들 코인 클릭

- 입금주소 - 입금주소 생성하기 클릭 - 입금주소, QR코드 확인

입금주소	출금신청	입출금내역

▼ 회원님에게 할당된 아래 주소로 비트코인을 입금할 수 있습니다.

내 비트코인 입금주소 (입금 전용)

33wCEYkNYRU7jFjxWVQYMhTHH6yfVeGnc6   복사

QR코드

- 출금 시에는 출금신청 - 출금방식 선택 - 출금 주소 입력 - 출금 수량 설정 - 아래의 출금신청 순으로 진행

ⓑ 빗썸

다음으로는 빗썸 거래소를 살펴보겠습니다. 수수료는 사용하는 쿠폰에 따라 0.04~0.25%인데요. 기본 수수료가 0.25%라서 업비트보다 비싼 편입니다. 다만 수수료 쿠폰이 있어서 거래 성향, 투자 규모에 따라 구매하면 됩니다(수수료 쿠폰은 사용 기한이 있다는 점도 잊지 마세요).

더욱 다양한 코인들이 상장되어 있다는 점, 유저 친화 이벤트가 활발하다는 점은 업비트와 다른 빗썸의 장점입니다. 업비트에 없는 코

인들이 많아서 빗썸의 코인이 업비트에 상장되면 시세 차익을 노리는 것도 가능합니다.

단점은 업비트에 비해 비싼 수수료, 느린 앱 속도, 불편한 인터페이스 등이 있습니다.

■ 이용 방법

① 접속 및 회원가입

② 본인 인증

③ 농협은행 계좌 개설

빗썸에서 투자금 입출금은 농협은행 계좌로만 가능합니다.

④ 거래하기

코인 선택, 원하는 가격 입력

(출처: 빗썸 홈페이지)

⑤ 암호화폐 입금 및 출금

- 메인 페이지 우측 상단의 지갑관리 - 입금 클릭

- 구분에서 코인 선택 - 주소 생성(모바일에서는 주소 발급)

- 출금은 생성된 주소, 수량 입력 - ARS 인증 - 출금 요청(원화 입금

시점부터 24시간 동안은 출금이 제한됩니다)

(출처: 빗썸 홈페이지)

코인원과 코빗은 특금법(특정 금융거래정보의 보고 및 이용 등에 관한 법률) 상 요건을 충족시키며 업비트, 빗썸을 추격하고 있습니다. 코인원, 코빗은 규모가 비교적 작다 보니 작전 세력이 1,000%가 넘는 시세 펌핑을 할 때도 있는데요. 코린이 분들은 이 점을 유의해야 하고요. 코인 투자에 능숙한 분들은 이를 역이용할 수도 있습니다.

ⓑ 바이낸스

사실 코인 거래소는 해외에 더 많은데 그중 중국계 캐나다인 자오 창펑이 운영하는 대표적 거래소 바이낸스를 살펴보겠습니다.

바이낸스는 글로벌 1위 거래소로서 국내 유저도 많은 곳입니다. 현물거래 수수료는 0.1%인데 회원 등급 상승에 따라 할인율이 올라가는 방식입니다. 바이낸스를 포함한 해외 거래소는 추천 코드 등의 방식으로 거래 수수료를 할인해주기도 하니 잘 알아보면 좋습니다.

바이낸스의 단점부터 살펴보면 한국 금융 당국의 규제로 인해 한국어 서비스, 원화 현물거래는 안 된다는 점이죠. 그러나 장점이 이를 덮을 만큼 많습니다.

첫째, 국내 거래소보다 훨씬 다양한 코인을 확보하고 있습니다. 국내 거래소는 코인 상장이 다소 보수적이라, 솔라나 같은 코인이 우량 코인이 되고 시세가 다소 비싸진 뒤에야 매수할 수 있죠. 하지만 바이낸스에서는 1천 원 안팎의 초기 단계일 때부터 거래 가능하니 잘 골라 들어갈 수만 있다면 훨씬 큰 수익을 기대할 수 있습니다.

둘째, 스테이킹, 디파이, 예금, 적금 등 다양한 기능을 제공합니다. 잘만 활용하면 이자로 수익을 올리는 것도 가능합니다.

셋째, 선물이나 옵션 등 파생상품 거래가 가능합니다. 선물을 간단히 설명하면 '시장 하락'에 베팅해 오히려 돈을 버는 상품이죠. 그러나 선물 투자는 극도로 위험하니 코린이 분은 함부로 시작하지 말고 이런 것이 있다는 것 정도만 알아 두면 좋습니다.

■ 이용 방법

① 접속 및 우측 상단 Register 클릭

② Create Personal Account 선택

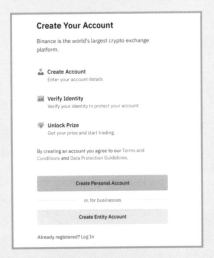

③ 계정으로 쓸 이메일, 비밀번호 입력 후 메일 인증, 핸드폰 인증 진행

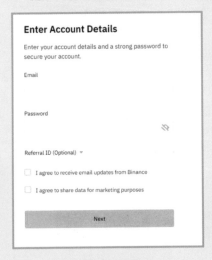

④ 암호화폐 입금

법률상 원화를 해외 거래소인 바이낸스에 직접 충전하는 것이 금지되어 있기 때문에 국내 거래소에서 구매한 암호화폐를 보내는 방식으로 입금을 해야 합니다. 과정을 정리하면 다음과 같습니다.

- 업비트, 빗썸 등 국내 거래소에서 리플, 트론 (Tron)● 등 코인을 구매합니다.

> **⊘ 리플, 트론**
>
> 처리 속도가 빠르고 수수료가 적어 송금에 적합한 코인입니다.

- 바이낸스 홈페이지 우측 상단의 Wallet - Fiat and Spot을 클릭 합니다.

- 상단의 노란 버튼(Deposit)을 클릭합니다.

- 중앙의 Select Coin을 누르고 구매한 코인을 선택합니다.
- 네트워크를 선택합니다(트론은 TRX, 리플은 XRP 등으로 선택).
- 활성화되는 지갑 주소(Address)를 거래소 출금 페이지의 출금 주소에 붙여넣습니다.

리플을 바이낸스에 보낼 때는 데스티네이션 태그도 추가 입력해야하며, 그 외 대부분의 코인은 지갑 주소만 입력하면 송금이 가능합니다

- 바이낸스로 코인을 보냈으면 Trade - Classic 탭을 선택합니다.

- 보낸 코인을 검색창에 입력하고 테더나 비트 코인으로 교환한 다음 매수·매도를 할 수 있습니다(해외 거래소에서는 테더가 코인 구입에 필요한 현금 역할을 합니다).

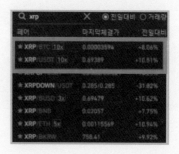

⑤ 암호화폐 출금

- 테더나 비트코인으로 송금용 코인(이오스, 트론, 리플 등)을 구입합니다.

- 우측 상단의 Wallet - Fiat and Spot으로 들어간 다음 구입한 코인을 검색하고 우측에 있는 Withdraw를 클릭합니다.

- 활성화되는 지갑 주소를 국내 거래소의 입금 페이지 입금주소에 붙여넣습니다.

- 바이낸스에서 이메일 코드, 구글 OTP 코드를 입력하고 다음을 누르면 국내 거래소로 송금이 완료됩니다.

모르면 안 될 코인 시장의 기본 특징

아마 코인 시장을 이렇게 생각하는 분이 있을 겁니다.

'어? 주식이랑 비슷하네?'

그렇습니다, 기본적인 틀이나 파생상품의 존재 등은 서로 비슷합니다. 하지만, 암호화폐 시장 고유의 특성과 차이도 잘 알아 두기 바랍니다.

주식 시장과 코인 시장의 가장 근본적인 차이점은 휴장의 유무입니다. 주식 시장은 아침부터 오후까지 정해진 시간에만 장이 열리고 주말과 공휴일처럼 휴장하는 날도 있죠. 반면, 코인 시장은 서버 점검 시간을 제외하면 365일 24시간 열려 있습니다. 이처럼 시장이 멈추는 일도 없고 분초 단위로 가격이 바뀌기 때문에 잠도 거의 안 자고 종일 거래소 화면만 들여다보는 분도 있는데요.

제가 앞서 뭐라고 말씀드렸죠? 코인에 일희일비하면서 사랑에 빠지지 말라고 강조했습니다. 여러분은 실수를 덜 하고 길게 보는 투자자가 되어야 합니다. 코인은 주식과 달리 미체결 주문이 사라지지 않고 그대로 남게 됩니다. 따라서 가격이 어떻게 가든 자기 페이스대로 원하는 가격을 지정해서 주문해놓고, 호가창 들여다볼 시간에 뉴스나 책 읽기, 운동 같은 자기계발을 하면 됩니다. 목표 가격만큼 오르면 그냥 수익 실현하면 되고요. 결론적으로 흔히 생각하는 것처럼 어려운 게 아닙니다.

코인 시장의 또 다른 특징은 전일 대비 변동률 리셋 시점이 거래소마다 다르다는 점인데요. 업비트는 오전 9시, 빗썸은 자정이고요. 바이낸스는 정해진 시점이 없는 대신 24시간 전 기준으로 변동률을 보여줍니다. 특히, 리셋 시점은 시세가 터져 오르는 분출 타이밍을 놓치지 않기 위해 숙지해야 하는데요. 상승장일 때 업비트에서는 9~10시에 오를 종목이 보이고 10~11시에 본격적으로 상승하는 경우가 많습니다. 빗썸은 자정 전후에 활발하게 상승하고요. 본인이 '코린이'라면 지금은 이해가 안 될 수 있지만, 해당 시간대에 관찰만 해도 이런 특징은 금방 이해할 수 있을 것입니다.

▲ 2022년 1월 12일 업비트의 위믹스 그래프
  9시 개장 후 20여 분 상승하고 11시부터 본격 분출하는 흐름을 보여줍니다

03

김치 프리미엄과
가두리 펌핑

코인 시장만의 또 다른 특징은 같은 코인이라도 거래소마다 그 가격이 다르다는 점입니다.

특히, 해외보다 국내 거래소에서 가격이 비싼 경우를 '김치 프리미엄'이라고 부르는데요. 여러 가지 이유가 있지만, 기본적으로 수요·공급 차이로 인한 현상입니다. 해외와 국내 투자자의 활동 시간이 다르기도 하고요. 뉴스 반영 정도, 세력의 유무나 크기 등이 다르죠. 그래서 이 '김프'를 이용한 시세 차익만 전문적으로 노리는 투자자도 있습니다.

그리고 흔하진 않지만 여러 이유로 특정 코인의 입출금이 막힐 때가 있습니다. 그러면 양식장에서 물고기를 키우듯 세력이 순간적으로 가격을 키워서 시세 차익을 보려는 경우가 있는데 이를 가리켜 '가두리 펌핑(가두리 메타)'이라고 합니다.

같은 코인인데 A 거래소와 B 거래소가 서로 눈에 띄게 가격 차이가 난다면 '세력의 장난이 아닌가?' 의심해봐야 해요. 과거 코빗 같은 거래소는 입출금이 막힌 거래소를 별도로 만들어 평균 시세에 비해 수백 배씩 가격이 급등락하는 '가두리 펌핑'이 자주 발생했습니다. 엄청난 돈을 잃는 사람도 있고 번 사람도 있어서, 도박판이 따로 없었지요. 그러니 아무것도 모르고 물리지 않도록 잘 알아 두기 바랍니다.

분할 매수, 분할 매도

자, 이젠 거래소에서 본격적으로 코인을 매매하는 일만 남았습니다.

그 전에 꼭 지켜야 할 원칙이 있으니, 바로 분할 매수, 분할 매도 원칙입니다! 간혹 코린이 분 중에 이상한 정보나 신념을 갖고 한꺼번에 '몰빵' 매수하는 분이 있는데요. 기억하세요, 전문 투자자조차 '100% 성공'은 절대 거둘 수 없는 게 코인 시장입니다.

그러니 본인의 판단에 대한 자신감을 앞세우지 말고, 겸손함과 냉정으로 분할 매수와 분할 매도를 해야 합니다. 목표 투자금액을 정하고 적게는 10분할, 많게는 100분할 해서 투자에 임한다면 긴 호흡으로 꼭 필요한 순간에 평생이 윤택해지는 결정을 내릴 수 있습니다. 펀더멘털 공부를 바탕으로 디센트럴랜드가 5천 원까지 갈 수 있다고 분석했다면 1,000원 아래의 가격에서 야금야금 매수하는 거죠. 그래야만 설사 2천 원에 육박했던 가격이 500원, 600원으로 추락한다 하더라도 심리적으로 안 무너지고 조급해지지 않습니다.

조급하니까 "저 에이다에 재산 절반 넣었는데 어떡하죠?" 하면서 힘들어하고 "다른 코인은 하루 스무 번씩 오르면서 치고 올라가는데 제가 가진 코인들은 왜 이렇죠?"라며 속을 끓이는 분도 있었는데요.

에이다를 언급한 김에 에이다 주봉 차트를 볼까요? 에이다 투자하기 힘들다고 질문 주신 시기가 2020년 11월쯤이었는데요.

에이다가 그 뒤로 어떻게 됐나요. 50일·200일 이평선이 데드 크로스를 그릴 만큼 하락하는 등 여러 번의 곡절을 겪으면서도 2020년 11월과 비교하면 가격이 10배 넘게 뛰었어요.

그러니 여러분, 견뎌야 합니다. 대신 나머지 50% 시드를 분산 투자하면 됩니다. 1천만 원 중 5백만 원 남았다 하면 50만 원씩 10개 코인을 매수 합니다. 그래서 NFT 메타, 중국 메타, 김치 메타, 트렌디 메타, P2E 메타 나눠서 하나씩 담는 겁니다.

그리고 에이다에 투자한 절반은 물량 모아간다는 마인드로 접근하면 되는 거죠. 이렇게 셋팅한 다음 알람 설정해서 펌핑 시에 적절히 분할하여 익절하시면 됩니다.

그리고 한 번 생각해보십시오. 종일 업비트, 빗썸 보고 있으면 원하는 대로 수익이 생길까요? 그렇게 단타로 승부하면 잘해봐야 3~5% 버는 게 고작입니다. 100만 원을 투자해놓고 온종일 차트 들여다본다고 무슨 도움이 되겠습니까? 시드의 규모에 어울리게, 그리고 현업 상황에 맞게, 투자 활동 시간을 설정해야 합니다. 코인 트레이딩이 현업에 절대 지장을 주지 않도록 하세요.

문 페이즈 지표

　달은 30일을 주기로 계속해서 모양이 바뀌죠. 그렇게 변화하는 달의 형상을 영어로는 '문 페이즈(Moon Phase)'라고 하는데요. 혹시 문 페이즈라는 보조지표가 있다는 사실을 아시나요?

　말도 안 되는 지표로 보일 수도 있겠지만, 심지어 트레이딩뷰에 기본으로 탑재된 빌트인 보조지표이기도 합니다. 그렇다면 문페이즈 보조지표를 차트에 적용해서 보겠습니다.

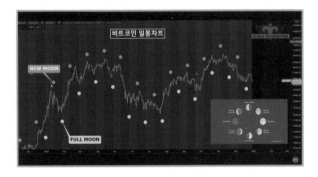

　잘 보면 달이 보이지 않는 신월(New Moon)일 때 비트코인 가격이 고점을 찍은 뒤 조정을 받고, 보름달(Full Moon)이 떴을 때는 바닥을 찍었다가 상승했음을 알 수 있습니다.

　달이 인간의 심리에 감정적으로 미치는 영향 때문에 투자 시장에 이런 효과가 발생한다는 우스갯소리도 있습니다만, 아무튼 어디까지나 보조지표로서 투자에 참고하시면 좋겠습니다.

코린이 여러분께 드리는 메시지

“나는 항상 부자가 될 거라고 확신했다.

단 1분도 이를 의심해본 적이 없다.”

- 워런 버핏

01 영원한 강자는 없습니다

전 세계 검색엔진 1위, 시가총액 130조 원, 나스닥 8위. 1999년 야후(Yahoo)가 이룩했던 성과입니다. 그 뜨거웠던 닷컴 열풍 속에서 가장 화려한 성공을 거둔 기업 중 하나였죠. 특히, 시가총액은 단순 액수로만 따지면 현재 기준 이더리움 다음 암호화폐 3위에 해당하는 규모입니다.

하지만 야후는 2000년대 중반부터 구글에 1위 자리를 내주었고 이후 구글이 검색엔진 시장을 독점하고 있습니다. 현재 야후는 일본을 제외한 모든 나라에서 사실상 철수하고 역사 속으로 사라졌죠.

이렇듯 '영원한 강자'도 경쟁력에서 뒤처지면 1위 자리를 내주는 일이 많습니다. 구글 이전에 라이코스(Lycos)도 마찬가지였고요.

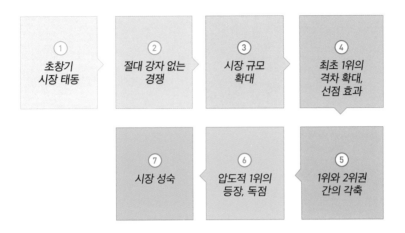

초기 단계인 암호화폐 시장에서도 마찬가지입니다. 여전히 많은 유틸리티 코인은 실제 성과보다는 프로젝트의 윤곽, 기대치에 따라 평가받고 있습니다. 각자 독자적인 생태계를 구성하거나 공유하기 위해 애쓰고 있죠.

Rank	Name	Symbol	Market Cap	Price	Circulating Supply	Volume (24h)	% 1h	% 24h	% 7d	
1	Bitcoin	BTC	$3,497,753,009.18	$239.84	14,583,675 BTC	$25,473,736.00	-0.34%	2.04%	5.31%	
2	XRP	XRP	$256,354,994.78	$0.007891	32,488,247,336 XRP *	$284,050.31	0.33%	0.34%	-1.96%	
3	Litecoin	LTC	$128,538,020.39	$3.05	42,170,285 LTC	$4,281,359.00	-0.46%	4.20%	8.12%	
4	Ethereum	ETH	$94,579,877.49	$1.30	72,988,095 ETH	$491,967.91	-0.51%	-2.82%	0.92%	
5	Dash	DASH	$14,304,072.77	$2.49	5,753,391 DASH	$28,928.46	-0.35%	0.46%	-2.54%	
6	Dogecoin	DOGE	$13,316,931.78	$0.000132	100,880,007,398 DOGE	$86,971.44	-1.80%	1.17%	2.53%	
7	Banx	BANX	$13,014,843.00	$1.82	7,138,966 BANX	$7,699.38	-0.34%	2.08%	5.36%	
8	Stellar	XLM	$12,225,452.65	$0.002527	4,837,356,606 XLM *	$9,566.09	-0.11%	3.24%	5.76%	
9	BitShares	BTS	$11,758,468.97	$0.004681	2,511,953,117 BTS *	$466,443.78	-4.43%	-7.40%	39.02%	
10	Bytecoin	BCN	$11,216,099.81	$0.00006374	175,958,667,898 BCN	$14,551.23	-1.08%	4.38%	6.45%	
11	MaidSafeCoin	MAID	$10,501,506.11	$0.02321	452,552,412 MAID *	$10,452.64	-0.15%	1.17%	13.60%	
12	Nxt	NXT	$8,568,766.79	$0.008569	999,997,096 NXT *	$16,682.55	-1.22%	6.30%	7.19%	
13	Peercoin	PPC	$8,324,839.97	$0.3682	22,609,095 PPC	$58,778.59	-0.60%	3.91%	4.89%	
14	Namecoin	NMC	$5,068,510.94	$0.4091	12,389,800 NMC	$14,595.41	-0.97%	-0.33%	0.62%	
15	Monero	XMR	$4,653,007.37	$0.5051	9,211,845 XMR	$20,837.79	0.11%	5.02%	9.51%	
16	TRMB	TRMB	$2,742,545.31	$0.1573	17,435,967 TRMB *	$89,087.98	-0.01%	-0.01%	0.50%	

▲ 2015년 9월 시총 순위

2015년 9월 암호화폐 시장 시총 순위입니다. 비트코인 하나가 30만 원을 못 넘긴, 지금과 비교하면 말도 안 되는 시절이죠. 재미있는 것은 이 때는 리플이 2위, 도지코인(Dogecoin)이 6위였다는 점입니다.

Rank	Name	Symbol	Market Cap	Price	Circulating Supply	Volume(24h)	% 1h	% 24h	% 7d
1	Ⓑ Bitcoin	BTC	$1,090,651,325,007	$57,777.17	18,876,858 BTC	$38,340,431,038	-1.97%	-3.81%	-11.15%
2	♦ Ethereum	ETH	$479,138,872,079	$4,047.00	118,393,224 ETH	$18,820,775,997	-1.77%	-3.83%	-15.04%
3	Binance Coin	BNB	$89,715,712,833	$537.86	166,801,148 BNB *	$2,463,967,258	-3.62%	-6.49%	-14.57%
4	Ⓣ Tether	USDT	$73,823,356,366	$1.00	73,761,443,730 USDT *	$85,438,888,351	0.00%	0.21%	-0.02%
5	Solana	SOL	$59,209,314,764	$195.08	303,507,162 SOL *	$3,131,698,822	-2.18%	-8.92%	-18.63%
6	Cardano	ADA	$59,248,092,085	$1.78	33,313,246,915 ADA	$2,101,310,145	-1.96%	-5.07%	-15.20%
7	✖ XRP	XRP	$49,819,993,044	$1.06	47,158,974,920 XRP *	$5,013,901,097	-1.60%	-3.18%	-13.44%
8	Polkadot	DOT	$38,422,369,883	$38.91	987,579,315 DOT *	$1,836,794,256	-2.21%	-5.72%	-19.05%
9	ⓤ USD Coin	USDC	$34,438,636,691	$1.00	34,424,351,584 USDC *	$5,212,201,140	0.01%	0.15%	0.08%
10	Ⓓ Dogecoin	DOGE	$29,453,888,485	$0.2229	132,168,039,255 DOGE	$1,569,286,733	-2.02%	-6.23%	-15.70%
11	⬡ SHIBA INU	SHIB	$23,619,196,878	$0.00004302	549,055,952,729,359 SHIB *	$2,637,878,576	-1.91%	-11.41%	-20.73%
12	ⒶAvalanche	AVAX	$21,716,841,401	$96.04	220,286,577 AVAX *	$1,893,304,622	-3.25%	-8.25%	9.09%
13	Ⓣ Terra	LUNA	$16,922,341,764	$40.57	417,111,406 LUNA *	$1,148,190,061	-2.49%	-3.26%	-21.15%
14	Ⓛ Litecoin	LTC	$14,491,109,718	$210.01	69,001,032 LTC	$2,742,357,368	-2.85%	-8.81%	-20.65%
15	Ⓦ Wrapped Bitcoin	WBTC	$13,760,291,887	$56,771.38	242,381 WBTC	$282,512,748	-2.39%	-3.32%	-12.01%

▲ 2022년 1월 시총 순위

그럼 이번엔 위의 표에서 2022년 1월 현재 순위를 봅시다. 리플은 순위권 밖으로 밀려났고 혜성처럼 등장한 바이낸스가 시총 3위에 올랐습니다. 이더리움, 솔라나, 카르다노, 폴카닷, 테라 등을 위시한 시총 상위 코인은 대부분 생태계를 구성하는 유틸리티 코인입니다. 또 시총 규모만큼이나 그 위상이 영원할 것만 같았던 코인들조차 시대 변화에 따라선 몰락할 수도 있습니다.

그런데 최근 11위로 치고 올라온 코인이 있습니다. 바로 아발란체입니다. 아발란체는 눈사태를 뜻하는 프랑스어 '아발랑쉬'에서 유래한 영어 단어로 구르는 눈덩이가 점점 커지듯 신속하고 많은 데이터 처리를 지원한다는 맥락에서 그런 이름이 붙었습니다.

그 동안 해외 거래소에만 상장되어 있었지만 이제 업비트에서도 만나볼 수 있는 코인인데요. 아발란체를 주목해야 하는 이유는 이것이 '이더리움 킬러'로 불리는 코인 중의 하나이기 때문입니다.

아발란체는 8월부터 10배 가까이 상승한, 저력 있는 코인입니다. 비트코인, 알트코인 모두 크게 조정을 받은 11월 18일에도 110달러 신고점을 경신했습니다.

아발란체는 처음부터 이더리움의 부족한 부분을 메우기 위해 개발되었습니다. 쉽게 말씀드리면 이더리움은 채굴기를 돌려야 채굴할 수 있고, 그에 따라 전력 소모가 큰데요.

반면, 아발란체는 채굴이 없는 저전력 친환경 코인입니다. 전송 속도 또한 TPS(Transaction Per Second) 기준으로는 이더리움보다 300배 빠른 장점이 있습니다.

아울러 아발란체는 최근 1년간 깃허브(GitHub)에서 가장 활발한 고객 3위에 이르기도 했습니다. 개발자들이 엄청 열심히 일하고 있다는 뜻입니다.

　이더리움이 아발란체를 비롯한 후발주자들의 도전으로부터 알트코인 최강자로서의 위치를 지켜낼 수 있을지, 주목해보면 좋을 것 같습니다.

한방 욕심부리지 말고 나누세요

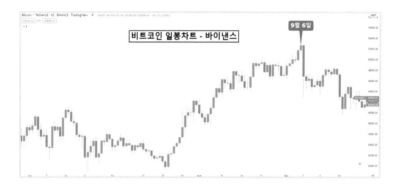

2021년 9월, 비트코인을 거래하는 투자자들 중에는 과한 욕심을 부린 사람들이 많았습니다.

가격이 꾸준히 올라왔던 상황이라, 9월 중에는 한 차례 조정될 확률이 높겠다는 공감대는 형성되어 있었죠. 그런데도 일부 투자자들은 9월 중순 즈음에 한 번 더 랠리를 하면서 더 높은 데서 고점을 찍지 않을까, 하는 욕심을 냈습니다. 사실은 이미 3천만 원에서 6천만 원까지 뛰었으니 상당히 많이 오른 건데 말이죠.

이럴 땐 부분 매도함으로써 현금을 50% 정도 확보해놓았다가, 차트 저점으로 갈 때 또 매수하면 돼요. 한방을 기대하지 말고 부분 매도 해야 합니다.

또 투자 금액을 한 군데에 몰아 놓지 않고, 코인원에 5백만 원, 빗썸에 3천만 원, 업비트에 억대를 투입했다고 가정해볼게요.

제 투자 성향이 공격적인 점은 고려해 주시고요. 그럼 리스크 30%, 준 메이저 30%, 메이저 30% 그리고 위험 도전 10% 식으로 구성하는 방법이 있습니다. 위험 도전 10%라는 건 불안정하다는 위험성은 있지만 향후 수십 배, 수백 배로 오를 가능성이 있는 코인을 약간량(작은 비중으로) 매수한다는 뜻이지요.

그래서 리스크 있는 코인 2개, 준 메이저 2개, 메이저 2개, 위험 도전 하나 총 7개로 포트폴리오를 구성하면 적당합니다. 10개 넘어가면 뭐가 오르고 내리는지 파악하기조차 어렵거든요.

그리고 투자금이 억대면 메이저 50%, 준 메이저 30%, 위험 도전 20%로 구성할 수 있습니다. 물론 강심장 투자자라면 메이저 30%, 준 메이저 40%, 위험 도전 30%로 조율할 수 있고요.

이런 방식을 '농부 매매법', '다이소메타'라고 하는데, 여러 메타에 나눠서 '줍줍'하는 겁니다. 그리고 펌핑 발생 때 수익을 실현하기만 하면 됩니다.

03

여러분이 시간의 주인입니다

제가 아는 동생한테 이렇게 얘기한 적이 있습니다.

"너 한 달에 1천만 원, 2천만 원, 아니, 1억 원도 벌 수 있어. 가능하다니까? 대신 그런 돈을 벌려면 하루 3시간은 책 읽고 1시간 운동하고 친구도, 애인도 아예 만날 생각 하지 마. 그리고 맨날 일에만 집중해. 주말? 힐링? 여유? 그딴 데 신경 쓰면 안 돼. 그렇게 일 년만 살아봐. 그럼 제대로 돈 벌 수 있어."

그랬더니 동생은 사람이 어찌 그렇게 사느냐고, 자긴 그렇게 못 하겠다고 하더군요. 물론 극단적인 요구였겠지요. 제가 다시 물어봤습니다. "그럼 월 2천만 원씩 확실히 들어오면 내가 말한 것처럼 살 거야?" 그제서야 동생은 그런 수입만 보장된다면야 그렇게 살 수 있다고 합니다.

그런데 여러분! 사업도, 인생도 무조건 확실한 게 어디 있습니까? 확실한 소득을 얻으려면 들이는 노력도 확실해야 합니다. 제가 어떻게 시간을 쓰는지 알려드릴게요.

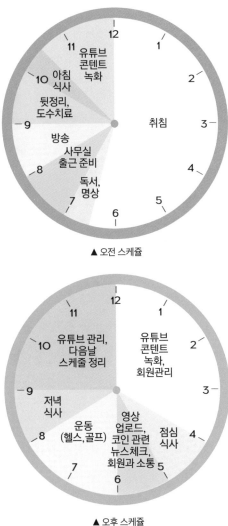

▲ 오전 스케줄

▲ 오후 스케줄

6시 반에 꼭 일어나서 독서와 명상을 합니다. 7시에 사무실에 출근해서 준비하고 8시부터 1시간 방송해요. 방송하고 뒷정리까지 끝나면 도수치료 받고 아침 식사를 하고요.

그러고 나서 회사 일 정리하고 유튜브 콘텐트 녹화, 회원 관리한 다음 4~5시에 늦은 점심을 먹어요. 5시엔 유튜브 영상 올리고 코인 관련 뉴스를 부지런히 체크하지요. 아울러 카페나 카카오톡 회원들과 소통, 사업상 업무를 처리합니다.

저녁 6시부터는 두 시간가량 아는 사람들과 헬스, 골프 등의 운동을 하고 다시 사무실에 들러 저녁을 먹습니다. 닭가슴살이랑 샐러드 위주로 먹어요. 다음에 유튜브 관리, 다음날 스케줄 정리하고 집에 돌아가면 보통 12시가 지나 있어요. 잠자리에 들어서 6시 반에 일어나고. 이렇게 규칙적으로 생활합니다.

'저는 어떻게 해도 뺄 시간이 없어요!' 하는 분들도 있는데요. 그럼 저는 이런 생각이 들어요. '과연 진짜 시간이 없을까?', '잠을 덜 자면 되지 않을까?', '일의 능률을 올려서 빨리 끝낸다면, 시간을 낼 수 있지 않을까?' 하는 식으로 말이죠.

저, 아침 6시에 일어나서 밤 12시까지 정말 착실하게 삽니다. 주말이나 공휴일 놀 시간에, 유튜브 채널이나 드라마 볼 시간에, 차라리 공부하면서 1년을 알차게 사용해보십시오. 분명 훌륭한 사람이 될 수 있습니다.

설사 돈을 못 번다고 하더라도, 이런 삶이 가치 있고 더 나은 삶이라고 생각합니다.

제가 생각하기에 시간 낭비는 땅에다 돈을 버리는 것과 똑같습니다. 시간은 돈입니다. 더구나 부자든, 가난뱅이든, 시간만큼은 똑같이 부여받잖아요? 돈과는 사뭇 다르게 말입니다. 그래서 시간은 수많은 조건 중 유일하게 공평한 조건이죠.

정말 이래도 저래도 시간이 없다면, 하루 30분씩 '비투모' 카페에서 회원분들이 공부하고 정리한 지표, 브리핑 자료, 경제 뉴스만이라도 읽어 보세요. 그리고 더 여유가 있다면 제 유튜브 영상을 정주행해 보시고요.

그러면 분명 돈을 복사하실 수 있습니다. 10%라도 복사할 수 있어요. 준비해야 합니다. 다들 비트코인 최고점에서 수익 볼 때, 손가락만 빨면서 부러워하고 후회하실 건가요?

"어떤 코인을 사야 하지? 어느 시점에 투자해야 하지?" 이렇게 고민하는 것도 좋습니다. 그러나 그보다 먼저 우리는 철저한 공부와 준비로써 시간에 투자해야 합니다. 가장 생산적인 시간을 누리도록 말입니다. 자신의 인생에 도움 되는 방향이 어디일지 생각해보시면 좋겠습니다.

04

스스로를 명품으로 만드세요

이런 분들이 있습니다. 알량한 돈 좀 벌었답시고 명품 사고, 좋은 자동차 뽑고, 비싼 음식 먹으러 다니는 사람들 말입니다. 물론 그 모든 게 자신에게 주는 보상이라고 좋게 봐줄 수도 있겠지요. 하지만 저는 그렇게 살지 않습니다.

요즘 월 150~160만 원만 주고 리스하면 포르쉐 좋은 버전 뽑는다고 하더군요. 하지만 저는 3년째 '레이'를 타고 다니고요. 1주일 내내 나이키 트레이닝 복을 입고 다닙니다. 나이키나 트레이닝 복을 비하하려는 것이 결코 아닙니다. 명품 안 사고 비싼 데 사치 부리지 말자는 뜻에서 드리는 얘기입니다.

내 몸이 명품이어야지, 비싼 옷이 뭐 그리 중요한가요? 명품 바디, 명품 지식, 명품 지혜가 명품 차, 명품 가방, 명품 옷보다 더 중요하다는 것을 알아야 합니다.

'카 푸어'라고 많이 들어보셨죠? 그리고 인스타그램에 명품 옷과 차 사진, 해외 유명 관광지에서 호화로운 여행을 즐기는 모습 따위를 올려놓은 사람들 말입니다. 그들의 삶은 실제로 어떤 모습일 것 같습니까? 겉으로 보이는 것에 집착하는 사람들의 실제 삶은 초라하기 짝이 없는 경우가 의외로 많습니다.

우리는 그런 삶을 좇으면 안 됩니다. 겉모습만 치장하면서 남에게 보이는 것을 중요시하지 말고 우리 앞으로의 삶을 명품으로 꾸미기 위해 철저히 공부하고 노력해야 합니다.

05

성공하고 싶죠? 내가 변해야 합니다

여러분, 궁극적으로는 무엇을 원하십니까? 돈 벌고 싶죠? 성공하고 싶죠? 잘 되고 싶죠?

그렇다면 먼저 스스로 느껴야 합니다. 지금 자신의 모습이 싫거나 내 인생의 어딘가가 삐걱대서 맞지 않는 느낌인가요? 좀 더 간단히 말해서 행복하지 않은가요? 그렇다면 자신을 바꾸겠다는 마음가짐을 갖고 "나부터 변해야" 합니다.

변하지 않고 그냥 어제-오늘-내일 똑같이 행동한다면 여러분의 시드도 매일 똑같을 거고요. 어쩌다 잠시 10~20% 수익을 본다 하더라도 금방 시드가 삭제되고 삶도 달라지지 않을 것입니다.

그리고 '왜 내게만 시련이 올까?' 하는 심정으로 힘들어하는 분들도 적지 않을 겁니다. 하지만 시련은 누구에게나 언제든 찾아올 수 있습니다. 시련을 피하는 것에만 집착하지 말고, 시련이 오면 돌파할 기술과 지혜를 갖추어야 합니다.

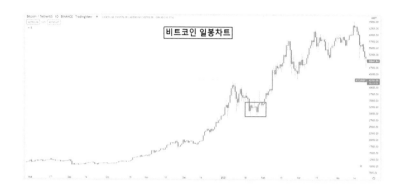

위의 차트에서 볼 수 있는 박스권에 갇힌 시기, 이 때 참 지옥 같았죠. 투자한 사람들 열 명 중 아홉 명 떠날 때였는데요. 저도 실수로 판단을 잘못 했다가 시드 다 삭제돼서 6천만 원 잃었습니다.

그럼에도 저는 안 떠나고 노력해서 견딘 결과, 20억 원을 만들었어요. 시련이 아닌 과정이라고 생각했고 스스로 꼬인 삶을 풀었어요. 한번 풀어내니까 어떻게 됩니까? 계속 시드를 복사하면서 나름 남 부럽지 않은 삶을 살고 있습니다.

제가 어떻게 밀크를 알고, 폴리곤, BAT(Basic Attention Token)를 알았을까요? 분석팀 동료들 없이 혼자였을 때부터 두려움 없이 성실하게 공부했기 때문에 찾을 수 있었던 겁니다.

저는 더 나아가 여러분도 10년, 20년 오래 함께 투자자로 성공하도록 돕고자 하는 목표를 갖고 있습니다.

저는 유튜브 구독·좋아요 눌러 주시는 분들, 카페나 커뮤니티에서 함께 소통하는 분들, 그리고 이 책의 독자 여러분께 정말 감사하게 생각합니다. 여러분들이 있기에 이 책도 쓸 수 있었을 뿐 아니라, 방송을 하고 책을 쓰면서 더 똑똑해져야겠다, 더 배워야겠다는 생각도 하게 되었습니다.

3년쯤 전인가요, 제가 본격적으로 공부를 시작한 첫해에만 해도, "난 천재야. 이 정도로 쉽다면 더 볼 것도 없겠어!" 하는 식으로 겁도 없이 오만한 구석이 없지 않았어요. 하지만 2~3년 차 되면서 '이크, 난 정말 바보구나! 좀 더 배워야겠다' 하는 순간들을 겪었고 그래서 여러분과 같이 꾸준히 배울 작정입니다. 지금도 저는 하루 1~2시간 책을 읽고 2~3시간씩 암호화폐에 관해 공부합니다. 그래도 많이 모자란다고 생각해요. 많은 걸 알게 될수록 여전히 내가 부족하다는 것을 더 느끼며 삽니다. 그래서 더 열심히 배우려 노력하지요. 그리고 제가 '투자의 멘털'에 관해서 직접 경험했던 부분을 실제 코인 투자에도 적용하여, 헛된 정보나 소문에 이리저리 끌려다니지 않고 원칙과 줏대를 지키는 투자를 실행하도록 노력할 것입니다.

여러분이 발을 들여놓은 암호화폐 시장은 그야말로 전쟁터입니다. 그러니까 당연히 이기는 것이 궁극의 목표이겠지만, 그래도 때로는 질 수도 있다는 사실을 이해하고 받아들여야 해요. 전쟁의 승자는 작은 전투 몇 번에서 이기는 사람이 아니라 마지막에 이기는 사람임을 기억해야 합니다.

그러니 지금 몇 번 지고 다쳤다고 좌절하지 마십시오. 다시 일어나면 됩니다. 나 자신의 선택을 후회하지 마십시오. 잘못된 선택을 했다면 반성하고 고쳐나가면 됩니다. 시장을 냉철하게 바라보면서 져 보기도 해야 이기는 방법을 알 수 있지 않을까요? 우리의 게임은 아직 끝나지 않았습니다.

코인 시장 - 정말 매력적이고 여러분에게 커다란 부를 안겨줄 수도 있는 시장입니다. 하지만 10명 중 2명만 웃고 8명은 눈물을 쏟게 되는 잔인한 시장이기도 하지요. 꾸준한 공부와 신념과 지식도 없이 무작정 투자하면 절대 안 됩니다. 그래도 저를 알게 된 여러분은 그 2명이 되어 푸짐한 수익을 거두어가면 좋겠습니다. 돈복남이 하나하나 전부 알려드릴 터이니 같이 가보시죠. 돈복남 덕분에 몇 퍼센트 수익 봤다는 말씀도 좋지만, 인생이 바뀌었다는 후기가 저에게 가장 큰 기쁨입니다.

돈복남이
추천하는
2022
유망 코인

3개의 테마로 말하다

돈복남이 추천하는 2022년 유망 코인

01

메타버스 테마
- 현실 같은 가상 세계

메타버스는 초월(beyond), 가상을 의미하는 meta와 세계를 의미하는 universe의 합성어로, 1992년 출간된 닐 스티븐슨(Neal Stephenson)의 소설 <스노 크래시(Snow Crash)>에 나오는 가상 세계 '메타버스'에서 유래했습니다. 현실을 디지털 세상으로 확장시키고 가상 세계 속에서 정치, 경제, 사회, 문화 활동을 할 수 있게 해주는 시스템입니다.

코로나19 팬데믹(pandemic)으로 인해 많은 이들이 집에 머물게 되었습니다. 학생들은 수업뿐 아니라 친구들과의 소통마저 온라인으로 대체하고 있습니다. 본의 아니게 식당에 가는 사람들은 눈에 띄게 줄어들었고, 온라인을 통한 쇼핑과 식사와 모임은 점점 더 당연한 일상적 관행이 되어가고 있습니다.

이러한 현상들은 기업들의 시선을 오프라인에서 온라인으로 옮기게 만들었습니다. 미국 월마트(Walmart)와 같은 대형 소매업체는 전자제품부터 생필품에 이르기까지 모든 분야의 제품을 가상 세계에서 판매한다는 계획을 조금씩 실행에 옮기고 있습니다.

오프라인으로 행사나 공연을 개최하면 입장할 수 있는 관람객은 적게는 수천 명, 많게는 수만 명이 전부였습니다. 하지만 메타버스 안에서는 참가 인원에 제한이 없습니다. 수십만 명이 될 수도 있고 서버와 네트워크가 잘 갖춰진다면 수억 명이 될 수도 있습니다.

구찌(Gucci), 버버리(Burberry), 루이비통(Louis Vuitton) 같은 프리미엄 패션 브랜드들이 메타버스에서의 패션쇼를 구상하는가 하면, 뉴욕에 기반을 둔 디지털 부동산 업체 리퍼블릭 렐름(Republic Realm)은 메타버스 내 쇼핑 지구 구축을 목표로 가상 부동산을 매입하고 있습니다. 또한 삼성은 이미 뉴욕에 위치한 실제 매장을 메타버스 플랫폼에 재현해 주목받기도 했습니다.

메타버스는 먼 미래가 아니라, 우리가 이미 발을 들여놓은 '지금의 세계'입니다. 비즈니스, 사교 모임, 공연 등 많은 활동이 이루어지고 있습니다. 오래 전 우리나라 사람들이 싸이월드라는 가상공간에서 집과 아바타를 꾸밀 때도 반응이 폭발적이었는데 이제 그러한 행위가 재화가 되고 시장 범위가 전세계로 확장됐으니 성장 가능성이 클 수밖에 없습니다. 그래서 대기업과 투자자들이 메타버스에서 벌어지고 있는 다양한 사업을 주도면밀하게 관찰하고 있는 거지요. 이 모든 것이 크립토 경제와 긴밀한 관계를 가진다는 점에서도 중요하게 눈여겨볼 필요가 있습니다.

디센트럴랜드(Decentraland)

● 코인 개요

　디센트럴랜드는 새로운 매체나 비즈니스 기회 또는 엔터테인먼트의 원천을 찾는 콘텐트 크리에이터, 기업을 위해서 구축되었습니다. 전체적으로 '메타버스(Metaverse)'라고 불리는 디센트럴랜드 세계의 랜드(LAND)는 90,610개의 구획으로 나뉘어 있으며, 그 하나하나는 ERC-721이라는 대체 불가능 토큰으로 표시됩니다.

　또한 의사 결정을 위해 탈중앙화된 자율조직(DAO; Decentralized Autonomous Organization)을 사용하는 프로젝트 중에서 디센트럴랜드 프로젝트의 수가 증가하는 추세입니다. 결과적으로 마나(MANA) 토큰 보유자들은 정책 업데이트, 향후 랜드 입찰의 특정 사항, 메타버스와 함께 허용되는 콘텐트 유형에 대해 제안하고 투표를 함으로써 디센트럴랜드 세계의 행동 양식을 통제할 수 있게 됩니다.

　아울러 랜드 보유자는 랜드 판매나 임대, 광고, 아이템 제조 등의 방식으로 이윤을 창출할 수 있습니다.

● 현재 유통되고 있는 디센트럴랜드 코인
　코인마켓캡 기준(2022. 2. 7) 총 공급량은 21억 9천만이며, 유통 공급량은 18억 3천만 마나 토큰입니다.

　초기 총 공급량은 28억 마나로 설정되었지만 6억 마나 이상이 랜드 입찰의 결과로 소각되어 총 공급량이 줄었습니다. 또한 광범위한 소각 메커니즘이 작동되고 있으므로 마나의 유통 공급량은 더 줄어들 것입니다.

　전체적으로 마나 공급량의 40%는 2017년 ICO 당시에 판매되었습니다. 또한 20%는 커뮤니티에 대한 인센티브를 위해 보호되며, 20%는 개발자 팀 및 기타 기여자에게 분배되었고, 나머지 20%는 디센트럴랜드가 보유하고 있습니다.

● 디센트럴랜드 상장 거래소
　바이낸스, 코인베이스, FTX 등의 해외 거래소에 상장되어 있으며, 국내 4대 거래소 중에서는 업비트, 빗썸, 코인원에 상장되어 있습니다.

▲ 출처: 디센트럴랜드 홈페이지

샌드박스 (The Sandbox)

● 코인 개요

2011년 픽스아울(Pixowl)에서 출시한 샌드박스는 게임 세계에 블록체인 기술을 도입한 독특한 플랫폼입니다. 샌드박스의 세계에서 사용자는 게임 형태 디지털 자산을 생성, 구축, 구매 및 판매할 수 있습니다.

일반적인 게임은 캐릭터, 의상, 장비 등을 모두 개발사에서 만들고, 플레이어는 이를 수동적으로 사용하는 데 그치지만, 샌드박스의 플레이어는 복스에딧(VoxEdit)이라는 무료 소프트웨어를 이용해 자유로이 캐릭터, 애니메이션, 게임을 만들고 그 결과물을 NFT로 거래할 수도 있습니다.

이같은 고도의 자유로 인해 유저 수가 증가함에 따라 드라마 '워킹 데드', 애니메이션 '뽀로로', 스포츠 브랜드 아디다스 등 기업들이 샌드박스 내 랜드에 들어오면서 지속 가능한 플랫폼으로서 발전하고 있습니다.

● 현재 유통되고 있는 샌드박스 코인

코인마켓캡 기준(2022. 2. 7) 총 공급량은 30억 샌드 토큰이며 유통 공급량은 9억 2천 샌드 토큰입니다.

총 토큰 공급량 중 약 25%가 회사 준비금으로 적립되어 있고 17%는 토큰의 시드 판매에 할당되었습니다. 31%는 설립자와 팀원들이 확보하고 있고요. 12%는 전용 바이낸스 론칭 패드 판매를 위해서, 10%는 프로젝트 고문을 위한 보상으로 배분되었습니다.

● 샌드박스 코인 상장 거래소

바이낸스, FTX, 유니스왑 등의 해외 거래소, 국내 4대 거래소에 상장되어 있습니다.

▲ 출처: 샌드박스 미디움

엔진 코인(Enjin Coin)

● 코인 개요

엔진 코인은 블록체인 기반 게임 생태계 제공사 엔진의 프로젝트입니다. 가입자 2천만 명이 속해 있는 '엔진 네트워크'는 매월 수백만 달러 규모의 아이템 거래가 이뤄지는 큰 플랫폼입니다. 또 게임개발자를 위한 개발 툴을 제공하며 개발자들이 이더리움 블록체인에서 인게임 아이템을 토큰화 할 수 있도록 지원합니다. 토큰화된 아이템들은 엔진 마켓플레이스에서 거래하거나, 엔진 코인으로 교환할 수 있습니다.

● 현재 유통되고 있는 엔진 코인

코인마켓캡(2022. 2. 7) 기준 총 공급량은 10억 ENJ 토큰이며. 현재 유통 공급량은 8억 5천 ENJ입니다.

총 토큰 공급량 중 10%는 마케팅, 테스트, 파트너십 체결을 위해 운영사 엔진에서 보유하고, 다른 10%는 팀 구성원과 자문진을 위해 할당되어 있습니다. 팀 구성원 토큰은 첫 6개월 동안 잠겨 있다가 24개월 동안 풀리고, 자문진용 토큰은 2개월 간 잠겨 있다가 그 이후 완전히 풀립니다.

● 엔진 코인 상장 거래소

바이낸스, 코인베이스 등의 해외 거래소에 상장되어 있으며, 국내 4대 거래소 중에서는 업비트, 빗썸, 코빗에 상장되어 있습니다.

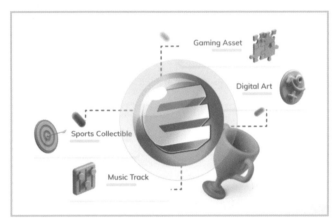

▲ 출처: 엔진 홈페이지

NFT는 블록체인 기술을 바탕으로 암호화된 디지털 자산입니다. 그렇게 설명해도 여전히 모호하게 들릴 텐데요. 쉽게 비유하자면 발권자, 비행편, 좌석 위치 등 모든 정보가 암호화되어 블록체인에 저장된 항공권 같은 거죠. 그래서 수정, 복제가 불가능하고 구매한 사람만이 판매할 수 있기 때문에 대체 불가능 토큰(Non-Fungible Token)인 거고요. 보통의 디지털 파일과 달리 고유성, 희소성을 인정받을 수 있는 점이 NFT의 특장점입니다.

이처럼 매력이 확실한 만큼 예술품, 수집품, 게임 아이템 등 디지털화할 수 있는 모든 것들이 NFT로 생산되고 거래가 이루어지고 있습니다. 가상자산 데이터 분석 업체 디앱레이다(DappRadar) 자료에 따르면 2020년 9,490만 달러였던 NFT 거래 규모가 2021년엔 260배 이상 늘어난 250억 달러(우리돈 약 29조 원)에 달했습니다. 거래에 활용된 블록체인 지갑 수 또한 2020년 54만 개에서 2021년 2,800만 개 이상으로 증가했습니다.

무엇보다 NFT가 전에 없던 창조와 기회의 장을 만들고 있다는 점에 주목해야 합니다. 2021년 3월 약 6,900만 달러에 낙찰돼 센세이션을 일으킨 그림의 화가 비플(Beeple)은 평범한 공학도이자 웹디자이너였습니다. 그러나 매일 하나씩 그림을 그리겠다는 의지 하나만으로 무관심에도 아랑곳하지 않고 14년간 5천 점이 넘는 작품을 완성했고요. 이러한 성실성, 예술성이 인정받는 선례가 생기면서 더 많은 작가들의 창의성, 애호가들의 관심이 NFT 플랫폼에서 만나고 있습니다.

세상 단 하나의 귀중한 자산을 넓은 집이나 창고가 없어도 나만이 소유할 수 있다! 멋지지 않나요?

칠리즈(Chiliz)

● 코인 개요

　칠리즈 코인은 '팬과 스포츠 팀 사이의 연결과 소통을 구현한다'는 목표로 창시되었습니다. 자체 플랫폼 소시오스닷컴을 통해 출시한 유벤투스(Juventus, 이탈리아 프로축구팀) 팬 토큰의 성공 사례를 글로벌 모델로 확대한 것이 칠리즈인데요. 유럽의 주요 축구팀, NBA 구단, UFC와 파트너십을 체결하고 수익 창출(구단)-소통 수요 충족(팬)의 윈-윈 모델을 만드는 중입니다. 특히, 축구선수 리오넬 메시(Lionel Messi)가 입단한 직후 PSG(프랑스 프로축구팀) 팬 토큰은 100%가 넘는 가격 상승을 보이기도 했습니다.

● 현재 유통되고 있는 칠리즈 코인

　코인마켓캡(2022. 2. 7) 기준 총 공급량은 88억 CHZ, 유통 공급량은 59억 CHZ입니다.

● 칠리즈 상장 거래소

바이낸스, 코인베이스 등의 해외 거래소에 상장되어 있으며 국내 4대 거래소 중에서는 업비트, 빗썸, 코빗에 상장되어 있습니다

▲ 출처: 칠리즈 홈페이지

왁스(WAX)

● 코인 개요

왁스는 2017년에 출시된 특수 목적 블록체인으로, 관련된 모든 당사자가 더 빠르고 간단하고 안전하게 전자 상거래를 이용하도록 설계되었습니다.

왁스의 특히 큰 장점은 NFT 거래에 적합한 플랫폼이라는 점인데요. 디지털 아이템을 위한 세계 최대 거래소인 오피스킨즈(OPSkins)에서 개발한 코인답게 게임 아이템을 비롯한 자기 NFT를 쉽게 만들고, 저렴한 수수료로 사고 팔 수 있습니다.

또 채굴 시 에너지 소모량이 비트코인의 67,000분의 1에 불과한 저전력·친환경 요소, 왁스 코인을 담보로 법정화폐를 융자받을 수 있는 점도 왁스 코인의 매력이라 하겠습니다.

● 현재 유통되고 있는 왁스 코인

코인마켓캡(2022. 2. 7) 기준 총 공급량은 38억 WAXP이며 유통 공급량은 19억 WAXP입니다.

● 왁스 상장 거래소

▲ 출처: 왁스 미디움

바이낸스, 비트파이넥스 등의 해외 거래소에 상장되어 있으며, 국내 4대 거래소 중에서는 업비트, 빗썸에 상장되어 있습니다.

플로우(FLOW)

● 코인 개요

플로우는 크립토키티즈(CryptoKitties), NBA 탑 샷(NBA Top Shot) 등 NFT 게임으로 경쟁력을 드러낸 대퍼 랩스(Dapper Labs)의 블록체인입니다.

한때 '삼성 코인', 'Y대 코인'으로 알려졌을 만큼 투자를 많이 받고, 파트너십 체결에도 활발한데요. 투자의 경우 삼성·구글을 비롯한 대기업, 벤록(Venrock)·유니온 스퀘어(Union Square Ventures) 같은 대형 벤처 캐피탈이 함께하고 있습니다.

NBA·UFC·스페인 라 리가(LaLiga)를 비롯한 스포츠, 워너 뮤직 (Warner Music)·오픈씨 같은 디지털 엔터테인먼트 분야 등 전방위적으로 파트너십을 맺고 플로우 생태계를 키워 나가고 있습니다. 2021년 NFT 거래 1천만 건, 블록체인 거래 5천만 건을 기록했습니다.

플로우의 이와 같은 성장 요인으로는 NFT 게임으로 대표되는 자체 콘텐츠의 흥행, 플로우 블록체인 자체의 기술적 강점을 꼽을 수 있습니다.

　NBA 탑 샷만 봐도 기존 히트 아이템 크립토키티즈에만 안주하지 않은 성과였죠. 또 웹 버전 인터페이스 제공·데이터 처리 속도의 지속적 개선으로 개발자들이 플로우에서 스마트 계약·디앱 개발을 하도록 만드는 중입니다.

● 현재 유통되고 있는 플로우

　코인마켓캡(2022. 2. 7) 기준 총 공급량은 약 13억 7천 FLOW, 유통 공급량은 약 3억 1천 FLOW입니다.

● 플로우 상장 거래소

　바이낸스, 후오비글로벌 등의 해외 거래소에 상장되어 있으며 국내 4대 거래소 중에서는 업비트, 코인원, 코빗에 상장되어 있습니다.

▲ 출처: 플로우 블로그

03

P2E 게임 테마
- 놀면서 돈을 번다!

P2E는 플레이 투 언(Play-to-Earn)의 약자로 게임을 하는 과정에서 돈을 버는 것을 말합니다. 이때의 돈은 게임 속에서만 가치를 갖는 기존 사이버 머니와 다릅니다.

'게임 하면 밥이 나오니, 돈이 나오니!'

어렸을 때 부모님께 한 번쯤은 들어본 말일 텐데요. P2E 게임에서는 NFT 기술과의 접목을 통해 플레이어가 들인 노력과 시간의 값을 금전적으로 보상해 줍니다. 아이템, 캐릭터의 값을 블록체인의 암호화폐로 받은 다음 현실에서 바로 사용할 수 있죠

단순히 현금처럼 사용 가능한 차원을 넘어 NFT 거래를 통한 게임 경제(토큰노믹스) 창출, 게임사의 일방적 권리 독점(예를 들어 서비스

종료 후 아이템 가치 소멸 등) 대신 게이머 존중이라는 가치 측면에서도

P2E는 큰 성장 잠재력을 가진 테마입니다.

보라(BORA)

● 코인개요

보라는 클레이튼(Klaytn)을 기반으로 크립토 자산 대중화를 추구하는 블록체인 플랫폼입니다. 게임, 엔터테인먼트, 헬스케어, 교육 등 각 분야로의 확장을 계획 중인데 특히 게임 분야에서 두각을 나타내고 있습니다.

우선 보라의 개발사 웨이투빗(WAY2BIT)을 인수한 대주주가 카카오게임즈죠. 카카오게임즈는 2021년 11월 라이온하트 스튜디오도 인수했습니다. 17주 연속 게임 앱 매출 1위를 기록한 '오딘 : 발할라 라이징'으로 게임 업계를 긴장시킨 곳인데요. 웨이투빗의 전문 분야인 메타버스·NFT, 라이온하트의 특기인 게임 개발 조합으로 글로벌 게임 시장에서 자리를 잡으면 보라 코인의 가치 또한 더욱 커질 것으로 기대됩니다.

개발 측면에서도 탈중앙화 메리트는 약해진 대신, 확장성(범용성)

을 강화한 비앱(Bapp)임을 통해 세계 시장을 공략하고 있습니다.

● 현재 유통되고 있는 보라

　보라 백서에 따르면 투자자 판매용은 40%, 회사 준비금 20%, 생태계 형성용 25%, 개발팀·고문 15%로 비중이 정해져 있습니다.

　코인마켓캡(2022. 2. 7) 기준 총 공급량은 12억 BORA이며 유통 공급량은 8억 6천 BORA입니다.

● 보라 상장 거래소

국내 4대 거래소 중 업비트, 빗썸, 코인원에 상장되어 있습니다. (해외 거래소 미상장)

▲ 출처: 보라 미디움

플레이댑(PlayDapp)

● 코인개요

플레이댑은 대중성에 중점을 두는 블록체인 게임 플랫폼입니다. '디지털 자산이 더 가치 있고 모든 사람이 액세스할 수 있는 세상'을 비전으로 P2E 게임을 개발·운영 중입니다. 특히 수집형 RPG 게임 '신과함께'(Along with the Gods)가 동남아, 라틴 아메리카에서 인기를 끌면서 성공적인 포트폴리오를 만들고 있고요. CEO를 비롯한 개발진이 게임 업계 시니어급 이상이라 전문성 측면에서도 내실 있는 플랫폼입니다.

● 현재 유통되고 있는 플레이댑

플레이댑은 투자자·파트너에게 4억 5천 PLA, 생태계 형성용으로 1억 PLA를 할당하고 있습니다.

코인마켓캡(2022. 2. 7) 기준 총 공급량은 7억 PLA이며 유통 공급량은 3억 PLA입니다.

● 플레이댑 상장 거래소

▲ 출처: 플레이댑 미디움

바이낸스, 코인베이스 등의 해외 거래소에 상장되어 있으며 국내 4대 거래소 중에서는 업비트에만 상장되어있습니다.

타워(TOWER) · 레브 레이싱(REVV Racing) · 게이미(GAMEE)

타워

레브

게이미

● 코인개요

타워, 레브 레이싱, 게이미는 홍콩의 게임 회사 애니모카(Animoca Brands)가 게임에 P2E 요소를 접목시키면서 만든 토큰입니다. 타워는 무료 캐주얼 게임, 레브 레이싱은 레이싱 게임에서 사용·거래하는 토큰입니다. 게이미는 아크 에잇(Arc8)이라는 앱 내 게임 플레이를 통해 획득·거래할 수 있고요.

참고로 애니모카는 부록 앞부분에서 소개 드린 샌드박스도 자회사로 거느리고 있는 기업입니다.

● 현재 유통되고 있는 코인

타워 토큰의 총 공급량은 100억으로 고정되어 있으며 모두 2021년 2월 25일 일괄 발행됐습니다. P2E 30억, 마케팅 15억, 유동성 15억, 팀 및 고문 제공용 15억, 예비 15억, 지역 사회 개발 기금 10억으로 비중이 나뉘어 있습니다.

레브 레이싱 토큰 역시 30억으로 총 공급량이 고정돼 있고 게임에 따라 양을 다르게 책정했습니다. 에프원 델타 타임(F1 Delta Time)에 5억, 모토지피(MotoGP)에 4억, 준비금으로 13억, 팀 및 고문 제공용 3억 등입니다.

게이미 토큰도 31억 8천만으로 총 공급량이 고정된 토큰입니다.

코인마켓캡(2022. 2. 7) 기준 유통 공급량은 타워 약 2억 3천만 TOWER, 레브 레이싱 약 2억 7천만 REVV, 게이미 약 1억 3천 GMEE입니다.

● 코인 상장 거래소

타워와 레브 레이싱, 게이미는 유니스왑, 스시스왑 등 해외 거래소에 상장되어 있습니다.

(세 토큰 모두 국내 4대 거래소 미상장)

▲ 출처: 게이미 미디움

▲ 출처: 타워 홈페이지   ▲ 출처: 레브 레이싱 미디움

일루비움(Illuvium)

● 코인 개요

일루비움은 이더리움 블록체인에 구축된 P2E·RPG 게임입니다. 이더리움 플랫폼의 첫 AAA 게임(블록버스터급 게임)이기도 한데요. 일루비얼(Illuvial)이라는 생물을 중심으로 한 세계관과 그래픽, 아이템 수집 요소로 오픈 전부터 주목을 받은 게임입니다.

● 현재 유통되고 있는 일루비움

코인마켓캡 기준(2022. 2. 7) 총 공급량은 7백만 ILV이며 유통 공급량은 약 64만 ILV입니다.

● 일루비움 상장 거래소

바이낸스, 쿠코인 등의 해외 거래소에 상장되어 있습니다.

(국내 4대 거래소 미상장)

▲ 출처: 일루비움 홈페이지

디센트럴랜드(Decentraland)

백서

레딧

이더스캔

트위터

비트코인톡

샌드박스(The Sandbox)

백서

디스코드

이더스캔

트위터

텔레그램

엔진 코인(Enjin Coin)

백서

디스코드

이더스캔

트위터

텔레그램

레딧

비트코인톡

칠리즈(Chiliz)

백서

페이스북

이더스캔

트위터

텔레그램

왁스(WAX)

백서

레딧

블록 조회

트위터

텔레그램

플로우(FLOW)

백서

디스코드

블록 조회

트위터

텔레그램

보라(BORA)

백서   레딧   블록 조회

트위터   텔레그램

플레이댑(PlayDapp)

백서

디스코드

이더스캔

트위터

텔레그램

페이스북

타워(TOWER)

백서

디스코드

이더스캔

트위터

텔레그램

레브 레이싱(REVV Racing)

백서

이더스캔

트위터

텔레그램

게이미(GAMEE)

백서

이더스캔

트위터

텔레그램

일루비움(Illuvium)

백서

디스코드

이더스캔

트위터

텔레그램

성공하는 코인투자

초판 1쇄 인쇄 2022년 2월 28일
초판 1쇄 발행 2022년 3월 15일

지은이 돈복남
펴낸이 권기대

펴낸곳 ㈜베가북스 **출판등록** 2021년 6월 18일 제2021-000108호
주소 (07261) 서울특별시 영등포구 양산로17길 12, 후민타워 6~7층 주식회사 베가북스
주문·문의 전화 (02)322-7241 팩스 (02)322-7242

ISBN 979-11-976735-1-1 (13320)

＊ 책값은 뒤표지에 있습니다.
＊ 잘못된 책은 구입하신 서점에서 바꾸어 드립니다.
＊ 좋은 책을 만드는 것은 바로 독자 여러분입니다.
   (주)베가북스는 독자 의견에 항상 귀를 기울입니다. (주)베가북스의 문은 항상 열려 있습니다.
   원고 투고 또는 문의사항은 vega7241@naver.com으로 보내주시기 바랍니다.
＊ (주)베가북스에 대한 더 많은 정보가 필요하신 분은 홈페이지를 방문해주시기 바랍니다.

vegabooks@naver.com www.vegabooks.co.kr
 http://blog.naver.com/vegabooks ⓞ vegabooks f VegaBooksCo